村尾美江 著

# 小笠原流礼法と民俗

―婚姻儀礼と熨斗―

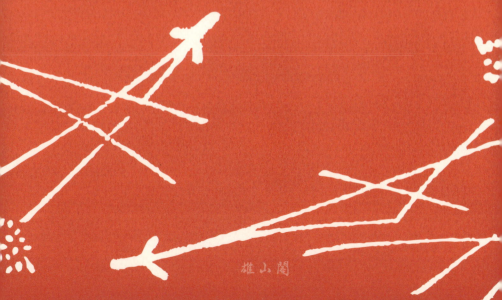

雄山閣

## ◆小笠原流礼法と民俗　目次◆

# 序章　本書の課題と構成

## 一、本研究の目的

「近頃の若者は礼儀を知らない」とはしばしば耳にするが、古くは平安時代末期の関白藤原忠実が、「人は物を食《じき》する様を知らざるなり。（中略）箸にて食する菜はその物、手にて食する物はその物と、皆差別あり、而《しか》るに、近代の人全《もは》らこれを知らず」(1)と、当時の人々の食事作法を嘆いたという。大人の若者に対する評価は、昔も今もそう変わらないのかもしれない。礼法（礼儀作法）とは世代間で違うという点も考慮に入れる必要がある。ちなみに、平成五年（一九九三）日本私学教育センターが、私立の中学・高校生を対象に学校における礼法教育について郵送によるアンケート調査（八七一校回答）を実施している。その結果を踏まえて、野村満里子は家庭での躾の低下を指摘するとともに、学校で系統立てて学習させることの重要性を説いている。(2)

そこで、学校教育に礼法が取り入れられていった経緯についてみると、江戸時代までは身分や階層によって生活習慣が異なり、礼法も同じ法式ではなかった。ところが、明治時代になると政府の四民平等の政策により、門閥にかかわらず能力さえあれば要職に取り立てられるようになるが、公式の場に出た際、挨拶や会食の礼儀作法を知らない人がでてきた。さらに、外国人との付き合いに恥をかかないためもあって、武士階級の礼法を一つの基準とする必要があった。明治五年（一八七二）の学制発布以来、修身に合わせて礼法教育がすすめられ、東京府は小学校に小笠原流礼法を導入する。しかし、文部大臣森有礼は「新時代に旧幕の礼法は合わない」と異論を唱え、学校など公教育における礼法教育はいったん途絶えかけた。そのようななか、女子教育に茶儀科（茶道）を置く女学校も増えていく。

昭和一五年（一九四〇）には、文部省（現在の文部科学省）は礼法要項を発表して中学校、師範学校、女学校、国民学校だけでなく各種団体などでも礼法教育を実施させ、国民を礼法によって教化しようとするが、幸か不幸か敗戦とともに国家による国民礼法は崩壊してしまった。戦後は、戦前の礼法は封建的であると、公立学校での礼法教育が否定され、それに代わる基準となるもののないままに日本の礼法は混乱してしまった。その頃の人たちが、親になり家庭で子供を躾ないまま現在に至っている。

日本私学教育研究所の調査によれば、平成五年には三八八校の私立中学・高校で礼法・茶道・武道などの授業を行なっていたが、平成一四年（二〇〇二）に学校五日制となり礼法の授業は減らされていった。ところが、平成一八年（二〇〇六）に教育基本法が改正され、再び礼節や公徳心を身につけるために、武道を必須にする学校が増えてきている。さらに、マスコミでも作法が取り上げられるようになったが、残念ながらマスコミ受けする形式だけで、背景にある「相手への気遣いや思いやり」が欠落した作法が横行している。また、書店にも様々な作法書が出版されて人々は混乱しているのが現状といえよう。

一方、鎌倉時代から続いている武士の礼法である弓馬術《きゅうばじゅつ》礼法小笠原流の教えに、「時代は変わっても基本は変えるな」(3)というのがあり、現代でも基本的な法式は変わっていない。日本の礼法の源流ともいえる弓馬術礼法小笠原流の法式と、現代一般に流布している法式とを比較した本研究が、日本の生活文化として礼法のあるべき姿に関心を持つきっかけになれば幸いである。

## 小笠原流とは

礼法の流派において、世間一般によく知られているのが小笠原流である。その代表的な立ち居振る舞いに、三つ指ついて畏まってお辞儀をするというのがある。ところが弓馬術礼法小笠原流三〇世小笠原清信《きよのぶ》は、「三つ指のお辞儀は、小笠原流を代表しているように思われているが、しなしなと膝の前に指をつく三つ指などという動作は、小笠原流にはない」(4)と否定している。

そこで、最初に小笠原流というものについて確認しておきたい。実は、小笠原流とは一流派を指すものではなく、近世から近代、現代においても同名を名乗る流派が複数ある。その祖については、『日本史広辞典』の「小笠原流」の項に、次のようにまとめられている。(5)

武家の弓馬礼法の流派。小笠原氏は源義家の弟義光の五世の孫である長清を祖とし、鎌倉時代以後、その子孫は信濃国を中心に諸国に広まった。そのうち長清の七世の孫の貞宗は室町幕府に将軍近習として仕え、その子孫の京都小笠原氏は弓馬・軍礼や饗応・元服などの武家の礼法の確立に尽力した。なかでも貞宗の五世の孫の持長が六代将軍足利義教の弓馬礼法の師範となってから、代々将軍家の弓馬師範を勤めた。室町末期には信濃小笠原氏からも長時・貞慶が出て、数々の故実書を著した。江戸時代に入り、貞慶から本流派をうけついだ一族の赤沢経直は小笠原姓に復し、徳川将軍家の弓馬礼法の師範家となった。四代後の常春は八代将軍徳川吉宗のもとで弓馬礼式を整え、以来今日までこの系流が伝わる。

先の小笠原清信は、この赤沢経直の子孫である。この系統は、応保二年（一一六二）に甲州で生まれた長清が、二六歳のとき源頼朝の糾方（弓馬礼法）師範となり、糾方は長男の長経に伝えられた。長経には長忠、清経の二人の男子がおり、糾方は長男の長忠が受け継ぎ、小笠原一族の総領家となる。長忠の子孫は後に越前勝山、豊前小倉、備前唐津、信州松本などの城主となる。一方、二男の清経は伊豆国の守護職となり、伊豆の赤沢に住み赤沢姓を名乗った。

ところが戦国時代、総領家の小笠原長時が武田信玄に敗れたため、長時・貞慶親子は伝書が散逸することを恐れ、永禄五年（一五六二）一一月、共に戦っていた赤沢清経家の一七代経直に糾方的証文を授けた。ここに、道統（小笠原流の教えを伝える系統）が総領家から赤沢経直に移ることとなった。赤沢経直は小笠原姓に復し、小笠原経直と名乗るようになる。以来、江戸時代を通じて、この小笠原（赤沢）経直の系統が、徳川家の弓馬礼法の一切を司り、代々将軍家の礼法の師範として明治に至る。

小笠原清信によれば、近世の小笠原流はお止め流として将軍家以外では行なうことを禁じていたと述べ、(6)総領家の系統の旧小倉藩主の家柄の小笠原忠統《ただむね》も、「藩主自らが、礼法屋として一般に教えることなどありえない」(7)と、同様の見解をとっている。

それにも拘わらず、近世には階層を越えて広範囲に小笠原流が浸透している。それはなぜか。この問題の解決の糸口になるような見解を、礼法の流派の一つである伊勢流の大家伊勢貞丈（一七一七〜一七八四）が、次のように述べている。(8)

今の世に江戸にて諸礼者というは、多くは小笠原流と名のりて人に指南するなり。その元祖は、小笠原右近太夫貞慶の家臣に小池甚之丞貞成と云う者あり、右近太夫より伝授を受けて彼の流儀を習い伝えて弟子数多あり、その弟子の中に斎藤三郎右衛門久也と云う者あり、久也が弟子に水島伝右衛門元也という者あり、後にト也と号す。（中略）この水島と云う者、小笠原家にもこれ無き事を私にこしらえ出して指南したり。それを受伝えて水島が弟子の又弟子に至る迄、面々思い思いに色々の作り事をこしらえて世にはやらかすによりて、今は小笠原流と名乗る者ども皆一様ならず、皆故実を取失いたる事多し。（中略）今は世に弘まりければ諸大名などもかの水島流を用いる事になりたり。

総領家の小笠原長時・貞慶親子は、小笠原経直以外にも、功労のあった家臣の小池甚之丞貞成に家伝の書を授けたというのである。先にも触れたように、小笠原家は将軍家以外にはお止め流であったが、伊勢貞丈は江戸時代に小池甚之丞貞成の弟子筋に当たる水島伝右衛門元成（後にト也と称す。通説では一六〇七～一六九七）が、「小笠原流」を名乗って小笠原家にないことを教え、その弟子達がまた勝手にアレンジして教えている、と指摘している。それを民間だけでなく、大名までもが用いるようになったというのである。

近世の小笠原流の研究については、島田勇雄が「すべての小笠原流学系の中で、全近世中に最も充実した指導内容を完成し、最も強力な伝授活動を行なったのは庶流派、わけても水島派の中枢陣であったと考えられる。したがって小笠原流史の研究の中心は、水島派の解明に焦点を置くべきであり、ことに水島の著作やそれによる伝授活動の明確化が近世における関連研究の基点となるべきである」(9)と、水嶋流の研究の方向性を示している。それを受ける形で陶智子が、近世の庶民に流布した水島派の礼法家の系統や伝記、およびその伝書について明らかにしている。(10)

近代以降の総領家の系統の礼法活動については、陶によれば豊前小倉藩主の小笠原忠幹《ただよし》の子で忠忱《ただのぶ》が、明治一八年（一八八五）に小倉女学校のために『女礼抄』を編んでいるが、誰からどのような礼儀作法を学んだかは不明として明らかにしていない。[11] その孫の小笠原忠統も第二次世界大戦後、礼法活動をしたが、道統を継承している弓馬術礼法小笠原流の法式とは多くの相違点がある。小笠原忠統の長男長雅氏は小笠原流の『糾方』の中で、「総領家の弓馬術礼法の家ではあるがそれを守っていかなければならないという思いはない」と述べ、総領家に残っていた古文書や鎧兜を小倉の博物館に寄贈してしまい、礼法指導は継承しなかったようである。[12]

本書でいう小笠原流とは、清経家の系統で近世から近代・現代と道統を継承する弓馬術礼法小笠原流とする。総領家の系統を引く小笠原忠統については、弓馬術礼法小笠原流の法式とも異なり、また礼法を誰から学んだかが明らかでないため、本書では近世の総領家の法式とは別と考え、現代の惣領家流と表記して区別する。

・小笠原家の礼法の近代から現代の系図

＊小笠原流（小笠原清経家の系統）

小笠原清務《きよかね》（一八四六～一九一三）→清明《きよあき》（一八七七～一九五二）→清信（一九一三～一九九二）
→清忠（一九四三～現在）

＊現代の惣領家流（近世の総領家の系統）

小笠原忠忱（一八六二～一八九七）→□→忠統（一九一九～一九九六）

そして、近世から庶民の間にも伝えられた庶流の「小笠原流」で水嶋卜也の系統のものを水嶋流と称する。なお、先に引用したように、伊勢貞丈は水嶋流を水島流と表記しているが、水嶋卜也の口伝書には島ではなく嶋を用いていることから、本書では水嶋流と表記する。ただし、引用文についてはそのままの字を用いる。水嶋卜也が活躍する以前の小笠原流とその他の小笠原流についても、本流と紛らわしいために「小笠原流」と表記して区別する。また、樋口元巳は小笠原清信を家元家と表記しているが、[13] 清信の子清忠氏は、現在流祖の伝承を継承してきたという意味の宗家を名乗っているため、本書では宗家と称する。

## 二、研究史と課題

民俗学における婚姻儀礼に関する研究は、儀礼や習俗の意味及びその起源を探ることを目的としたものや、家族や親族など社会関係とのかかわりについての研究が中心に行なわれ、礼法との関連について論じたものは皆無である。

柳田國男は『明治大正史　世相篇』において、近世の武家では「小笠原流」の婚姻式が行なわれていたが、明治になって「小笠原流」が新しい法式に変わり、それが庶民層にも影響していることを示唆している。[14] ただ、柳田の指す「小笠原流」とは、本流の小笠原流なのか、民間に流布した水嶋流（「小笠原流」以下略す）を指しているのかどうかを明確に示していないばかりか、新旧の法式にはどのような相違があるのかについても明らかにしていない。民俗学においては、その後の研究もこの問題に対して明らかにした論考は管見の限りでは見当たらない。

本書における筆者の課題は、礼法の法式が様々に変化しながら庶民に流布した水嶋流と、時代が変わっても「その法式の基本は変えない」という小笠原流とを比較しながら、民俗への影響について考察を加えることである。

現代の我々の生活に伝承されている生活文化である民俗が、水嶋流の影響によって如何なる形で存在して表現されているのか、あるいは変化しなかったものは何なのか、「小笠原流」を名乗った水嶋流の礼法家たちが、何故、近代になって新法式を提案するに至ったのか、そして新旧が何故併存しているのか、などについて明らかにしたい。

## 三、本書の構成と用語

本書では、水嶋流の礼法家たちは、特に婚姻儀礼の法式と贈答儀礼の際の進物の包み方である折形を重要視していたことから、この二点について考察する。

婚姻儀礼の法式については、礼法の流派により夫婦盃の順番やその部屋の床飾りに相違がみられ、そのありようを「第一部　第一章」でとりあげる。神前結婚式は明治三三年（一九〇〇）、皇太子の婚儀で行なわれて広まったとされているが、皇室では庶民のような三三九度は行なわれていない。それ以前の水嶋流の新法式では神の前で行なわれていたことから、この法式が創案に影響を与えたと予想されるので、「第二章」では、神前婚式をとりあげる。「第三章」では、水嶋流の礼法家達が明治期に雑誌に寄稿した内容から、何を民間に広めたかったのかをみていく。「第四章」では、水嶋流の石井泰次郎は包丁儀式四條流の家元として全国に弟子がおり、彼の日記から芸者の世界にも影響があることが分かる。そこで、香川県高松市の芸者から礼法を学んだ料理人に焦点を当てる。「第五章」では、山形県天童市の謡の師匠に伝えられた「小笠原流」と永島流の婚姻儀礼と立ち居振る舞いに言及する。

第二部では贈答儀礼をとりあげる。「第一章」では、お金包みの金封の折形や熨斗鮑、水引の変遷をトレースする。そのうえで、二〇〇〇年頃から結婚のお祝い用の金封から熨斗鮑が無くなった経緯を分析する。「第二章」では、金封には欠かせない水引とそれと似た製造法の元結も製造している長野県飯田市の職人たちの現状をとりあげ、小笠原流の影響についても触れる。

用語の概念規定については、民俗学の報告書では作法も礼法も同じ意味で捉えられているが、作法とは物事を行なう方法、立ち居振る舞い、しきたりなど日常生活のものも含めた広義の意味合いがあり、礼法とは作法の流派の使用するもので流派特有のものという意味があるため、本書では礼法を用いる。

結婚と婚姻の用語の取り扱いについてであるが、本書では法律用語での婚姻を用い、資料の引用や固有名詞の場合に限って結婚という用語を用いる。

次に、婚姻儀礼の形態に関しては、一般に昭和四〇年代中頃まで自宅で行われていた婚姻儀礼を自宅結婚式、現代の式場などで立会人と招待客の前で誓い、承認してもらう婚姻儀礼を人前結婚式とする。

次に、婚姻儀礼の中心的儀礼の盃事について明確にする。三三九度とは、「もともとは、出陣・帰陣・祝言などの際の献杯の礼をいい、三つ組の杯で三度ずつ酒杯を献酬することで、客をもてなす酒宴の正式の作法であった。現代では多く婚礼の時に行なわれる」（『日本国語大辞典』）と説明している。本書では、この盃事のときに酒を入れる器の杯は俗字の盃を用いる。ただし、引用文についてはそのまま杯・盃・盞・爵・卮・巹の字を使用する。

法式という用語については、一般には法式と方式は両方用いられているが、方式は物事の定められたきまり、法式とは儀式や礼儀などのきまりを指し、作法と同じ意味あいがある。本書は礼法の分析を目的としているので、法式を用いることとする

なお、本書では新漢字・新かなを用いるが、引用文については、原文では旧字が用いられている箇所もあるが、一部新字にして引用する。

註

（1）山根對助・池上洵一校注　一九九七「中外抄」『新日本古典文学大系』32　岩波書店　二八一頁。
（2）野村満里子　一九九五「学校における礼法教育について―アンケートによる現状調査より―」『日本私学教育研究所紀要』第三〇号（1）教育・経営篇　日本私学教育研究所　二一一～二三二頁。
（3）小笠原清忠　二〇〇〇「有訓無訓」『日経ビジネス』一一月二〇日号　一頁。
（4）小笠原清信　一九六七『小笠原流』学生社　一八九頁。
（5）日本史広辞典編集委員会編　一九九七『日本史広辞典』山川出版。
（6）小笠原清信　一九六七　前掲註（4）書。
（7）小笠原忠統　一九七二『日本人の礼儀と心―小笠原流伝書の教え―』カルチャー出版社　二九頁。
（8）伊勢貞丈　一九八七『貞丈雑記』一巻（島田勇雄校注）〈東洋文庫〉平凡社　一七頁。
（9）島田勇雄　一九七六「小笠原流諸派と言語伝書との関係についての試論―『女中詞』の成立環境をめぐって―」『甲南国文』第二三号　甲南女子大学国文学会　一〇頁。
（10）陶智子　二〇〇三『近世小笠原流礼法家の研究』新典社。
（11）陶智子他編　二〇〇六『近代日本礼儀作法書誌事典』柏書房　六一九頁。
（12）三一世宗家小笠原清忠編　二〇〇七『糾方』三一号　弓馬術礼法小笠原教場　八・九頁。
（13）島田勇雄・樋口元巳校訂　一九九三『大諸礼集　小笠原流礼法伝書』二巻〈東洋文庫〉平凡社　二一七頁。
（14）柳田国男　一九九八（初出一九三一）「明治大正史　世相篇」『柳田國男全集』五巻　筑摩書房。

# 第一部　婚姻儀礼の変遷と水嶋流

# 第一章　婚姻儀礼にみる水嶋流 ―夫婦盃の変遷の分析から―

## はじめに

平成一二年（二〇〇〇）一一月一九日に北九州市小倉の小倉城庭園（別称小笠原会館）において、小倉市のイベントに応募の市民を対象に、小笠原流（弓馬術礼法小笠原流）の結婚式が行なわれた。それは、現在一般に行なわれているものとは、夫婦盃の順番や花嫁衣装などが随分異なったものであった。例えば、今日の夫婦盃の順番は、婿が先に飲む法式が多いなか、小笠原流結婚式では嫁が先に飲んだ。そのうえ、二度も同じことを繰り返すので、夫婦盃の儀式だけで二時間も要したのである。和装の花嫁姿も角隠しがないうえに、色直しでは真っ赤な着物であった。

これを指導した小笠原流の教授法は、「口伝」「奥儀秘伝」「一子相伝」という形をとっており、小笠原流を名乗って教えることができるのは宗家一人だけである。その理由は、宗家から伝授された小笠原流の法式を、宗家以外の者が小笠原流を名乗って教えると間違ったことが伝わる恐れがある。また、礼法を生活の糧に教えるようになると、経済的な事を考えて弟子との妥協がおこり流儀の品位が卑しくなる。そして、弟子の数を増やしていくと無理が出てくるので、これで生計をたてることは禁じられている。(1) ちなみに、現在の宗家小笠原清忠氏は小笠原清信の長男で銀行員、先代清信は大学教授であった。この教授法は二四代目の常方（天保三年〔一八三二〕没）の時代にはすでに示されており、弟子達も入門の際、誓紙に近世には血判を、近代には爪印を捺した。現代においても署名爪印し堅く守られている。

それにも拘わらず、何故明治期に出版された『風俗画報』等の雑誌や近世から近代・現代において行なわれた民俗調査報告書に北海道や青森県、伊勢、備後福山地方など、多くの地域に小笠原流の婚姻儀礼が行なわれていたという報告があるのか。仮に報告書どおり小笠原流の法式とするなら、何故民間で行なわれている自宅結婚式や神前結婚式での夫婦盃の順番が、現在の小笠原流の法式とは異なっているのであろうか。一体どのような経緯から小笠原流の夫婦盃と、民間の夫婦盃の順番に相違が生じるようになったのであろうか。

現在までの婚姻儀礼の法式の変遷を明らかにすれば、夫婦盃の順番において嫁が先と婿が先という全く逆の法式が、何故併存しているのか、そして、小笠原流の法式で行なわれたという調査報告書が、何故これほど多いのか、その原因が解明できるのではないだろうか。

本章では、民間の婚姻儀礼にみる水嶋流の影響を、自宅結婚式および神前結婚式における夫婦盃の法式を分析対象として検討する。

## 第一節　研究史と課題

### 一、礼法と夫婦盃の研究史

柳田國男は昭和六年（一九三一）に『明治大正史　世相篇』の「非小笠原流の婚姻」において、「以前上流で行なわれていた婚姻式を本式と考える風が強く、是に依らない縁組は安っぽくなってきたことから、何の為かわからずに小笠原流の盃事を繰り返していた。明治になって新式に準拠しようということになったが、新旧どちらが優るかもう定まってもよい」[2]と、俗にいう「小笠原流」には新旧の法式があることを指摘しつつ、その影響を示唆している。

ところが、風俗史研究者の江馬務は『結婚の歴史』のなかで、近代婚礼の創作期は室町時代で、今日の礼法は伊勢家の創作である。小笠原流は室町末葉から伊勢家の弛緩に乗じて、伊勢流を圧し伊勢流の不備を充足したものの、いたずらに煩瑣とし日本の婚礼は常軌を逸したと、小笠原流の婚姻儀礼に疑問を呈している。[3]この論考以降、研究者達に変化がみられるようになってきた。

例えば、『日本風俗史事典』の「婚礼」の項では、今日の婚礼の多くは伊勢流の影響であるとしながらも、小笠原流・伊勢流両流派影響説となっている。[4]

一方、大間知篤三も同年刊行の「夫婦盃覚書」なる論考において、夫婦盃をいつ行なうかによって、①嫁娶り祝い当日、②初婿入りの際、③イキゾメで行なう、④嫁引き取りと披露との宴会の機会に行なう、という四つに分類をしている。夫婦盃の順番については、嫁が先の事例と婿が先の事例があるが、この順番はどちらでもよいのではなく定まっていたに違いない。例えば、神奈川県津久井郡では、婿の飲みかけの冷酒を嫁が飲みおさめるが、婿が残らず口に入れてしまって介添の注意で慌てて吐き出し、残りを嫁に呑ましたというほどだから、この順序は定まっていたに違いない。しかし、何故二つの反対の習慣が発生したのか私には未だ判らないと疑問を呈しているが、[5]小笠原流か伊勢流かについては触れていない。ところが、その後大間知も宮田登も両流派影響説をとるに至っている。[6]

水嶋流の婚礼作法については、樋口元巳の解説によれば水嶋卜也が民間に広めた婚礼作法が小笠原流に大きく影響しているとし、[7] 陶智子も小笠原家が伝授したのは兵法をもととする男性向けの礼法であり、江戸時代に女性向けの婚礼作法などを扱う礼儀作法を世に広めたのは、小笠原流から出た水嶋流であり、それがのちにもとの小笠原流の中へ取り込まれてしまい小笠原流の教えとして生き残っている、[8] と両者とも水嶋流の影響を示唆しているものの、それがどの小笠原流に影響して生き残っているのかは明確には示していない。

小笠原家以外の「小笠原流」を庶民が広めた例としては、増田昭子と小林めぐみが近世後期から昭和三〇年代までの会津地方の事例を、職人巻物の記述内容を参考に報告している。増田によれば、地域の人が儀式を采配するユルシトリとなって「小笠原流」を名乗り、家の格に合わせて婚礼を指南していたというものであるが、夫婦盃の順番などの法式は報告されていない。[9]

神前結婚式の法式については、梅棹忠夫が出雲大社の宮司によってキリスト教の結婚式をモデルに明治二〇年代に創案されたとし、[10] 神道側の立場からは、平井直房が伊勢流の床飾りを例にあげて、それが神前結婚式の神饌の供物と類似していることから、伊勢流影響説をとっている。[11]

一方、神道史研究者の近藤啓吾は、日本の夫婦盃の起源は礼法家が中国の『儀礼』[12] を参考にして三三九度を創作したとしている。神前結婚式を創案した礼法家については、幕末から明治前半に礼法の権威と目され神祇官でもあった松岡明義が、神前結婚式成立以前に講演した「婚儀式」の内容の検証から、現在の神前結婚式とは異なることに注目している。[13]

このように礼法の流派による婚姻儀礼の法式には多少の相違はあっても、いずれも盃で酒を酌み交わし夫婦盃の三三九度を行なっている点は注目に値する。

以上みてきたように、民俗学では柳田國男の小笠原流影響説から江馬務の伊勢流影響説以降、両流派影響説を受け入れてきたが、いずれも深く追究したものとはいえず、先行研究に追随しているに過ぎない。一方、神前結婚式の法式については、神道側からの視点で伊勢流の影響であると分析している。以上の先行研究を改めて検証することが、本章の目的である。

先行研究から伊勢流、小笠原流、水嶋流など流派により夫婦盃の順番や、そのときの床飾りに相違があることが判明しており、この点に焦点を当てる。

小笠原流の法式が、伊勢流が廃れて小笠原流が内向きの礼法も兼務するようになったときに、伊勢流の不備を充足したのなら、伊勢流との相違点を確認する必要がある。そして水嶋卜也が活躍する以前の「小笠原流」と、水嶋卜也が活躍した以降の水嶋流とはどのようなものなのか、夫婦盃の順番と床飾りなどについて比較しつつ明らかにしていく。また儀式を行なう際、それを指図する人にとっては、参考書となる作法書が重要であったことと考え、時代によりその内容がどのように変化していったのかを辿っていく。それによって、水嶋流がどのような変遷をし、どのような影響を与えて民俗が改変されていったのかを分析する。また同時に、夫婦盃の順番に嫁が先と婿が先という全く逆の法式が、何故併存するようになったのか、この問題も解決していきたい。そして、江馬務の小笠原流は伊勢流の不備を充足したものの、常軌を逸したとの説や、島田勇雄と陶智子の小笠原流は水嶋流に取り込まれて生き残っているという説についても言及する。

以上の問題点を念頭におきつつ、水嶋流の礼法家は勿論のこと、それを指南する側、受ける側の人々が水嶋流を受容していった意識について、考察を加えることにしたい。

ところで、水嶋流の影響の大きさに対して、現代の惣領家流の小笠原忠統の弟子でもある柴崎直人は、心理学的視点から小笠原家以外の「小笠原流」は商売のために歪曲され、根幹である思想を切り捨てた技術の寄せ集めに過ぎない作法となり、礼法の評価を歪め貶め、礼法は堅い窮屈なわけのわからないものと誤認された、と水嶋流を否定した見解をとっている。(14)

筆者は小笠原流の門人ではあるが、民俗学徒として水嶋流をただ否定するのではなく、本流の小笠原流の法式とを比較しながら水嶋流がどのような変遷を経て、庶民に受け入れられていったのかを研究することには意義があると考えている。

## 第二節　礼法諸流派の歴史と婚姻儀礼の相違

### 一、礼法諸流派の歴史

伊勢流、小笠原流、水嶋流の各流派の歴史を概観すると以下のとおりである。

#### (1) 伊勢流

江戸幕府の故実家伊勢貞丈（一七一七〜一七八四）によれば、先祖伊勢守は代々京都将軍の政所の長官にあって、将軍家殿中の礼儀作法を取り仕切る地位にあったという。(15)

『国史大辞典』のなかで二木謙一も、室町時代中期以降、足利将軍の政所の職掌が拡大され、室町武家の貴族化と相まって進退、坐作が複雑化し、かかる面に詳しい者が必要とされた。そこに将軍近侍としての伊勢氏が儀礼面の有職者として登場した。殿中諸儀礼のほか、装束、書礼をはじめ弓馬・甲冑・作鞍・軍陣故実を意欲的に学び、当時における屈指の故実家といわれた、と説明している。(16)

足利家滅亡後については、『徳川実紀』を引用した島田勇雄の解説によれば、伊勢貞為（一五五八〜一六〇九）は織田信長に仕え、のち病のため京に隠居し豊臣家よりの召し出しにも応じなかったが、娘が淀君に仕えて大坂落城の際は節に殉じた。貞為の子貞衡が寛永一四年（一六三七）三月二八日、三代将軍家光に召し出されたが、既に時遅く、伊勢家は必要とされない状態になっていた。家綱に仕えた貞守（一六六五〜一七〇五）も、代々研究活動を行なわずに終わってしまったという。(17)

このように、伊勢流は足利幕府では足利将軍家の内向きの作法、所謂殿中作法を司ったが、豊臣家から徳川家への政権交代期に適切な進退をとることが出来なかったため、貞丈の時代には伊勢流の勢いは廃れていたようである。

## (2) 小笠原流

近世から近代・現代までの小笠原流の系統については、序章で述べた通りである。

小笠原流の礼法の特徴については、樋口元巳が『大諸礼集2　小笠原流礼法伝書』の解説「小笠原家及び小笠原流」の中で二木謙一の説を引用しつつ、天文期（総領家の長時の父長棟の時代）には、小笠原家においても単に弓馬の礼法のみならず、室内儀礼や婚礼等の礼式作法も行なうようになった。ただし、伊勢家と異なり、小笠原家では起居進退の作法書は伝わらず、長時に集約される状態で総合的に出現すると、伊勢流の殿中など内向きの礼法に対して、小笠原流は外向きの礼法が伝わったと説明している。(18)

陶智子も先行研究史で述べたように、小笠原流は兵法をもととする男性向けの礼法であると断定しているが、小笠原清信は『小笠原流』の中で、弓馬だけでなく糾方の家として将軍家御婚礼の御用掛、元服のさいの献上の鎧飾りつけ、将軍家誕生のおりの御用掛なども務めてきたと述べ、将軍家に対しては外向きだけでなく、内向きの礼法など幅広く伝えていたのである。

ただし、「江戸時代にでた書物で、『小笠原流百ヶ条』とか『小笠原流躾方』などは小笠原家から出たものではない。小笠原家じたい、その当時もその後も伝統として積極的に啓蒙活動をせず、ただ質問する人に答えるという教授法をとり、奥儀は一子相伝という建前をとってきた」との見解を示していることから、近世には庶民に伝えていないことは明らかである。

ところが、明治五年に政府は学制を発布し修身に合わせて礼法教育をすすめたことから、清信の祖父二八世小笠原清務は、東京府の小学校に礼式の教科を設けるように東京府知事に建議した。東京府は、これをうけて府下七三校の小学校の教師に小笠原家の礼法を学ばせ、明治一四年（一八八一）には、小学女礼式が正式の教科となった。さらに、清務は東京女子師範学校の生徒にも教え、華族女学校（女子学習院）の女礼嘱託にもなった。東京以外の府県の師範学校や小学校にも門弟を派遣して礼式を教えだし、これに合わせて教科書が出版された。

小笠原家ではそれまで民間に伝えることはなかったが、明治一三年（一八八〇）には教場を開き、文部省でも広く教えるようになった。ただし、先にも述べたように一子相伝のため小笠原流を名乗って教えることが出来るのは宗家一人だけである。また、礼儀作法は時代によって変化するが、それを小河原清信は今日の時代にふさわしい形を小笠原流の基本から生みだすことができるとしている。(19) その子清忠氏も小笠原流の法式は応用がきくので、時代が変わっても法式の基本は変えない方針を守っている。

このように、現在でも弓馬術礼法小笠原流は、鎌倉の鶴岡八幡宮など各地の神社で流鏑馬神事を行なう一方で、一般にも弓術・弓馬術・礼法を一体とした礼法指導を行なっている。

## （3）水嶋流

総領家の小笠原長時・貞慶は、家臣の小池甚之丞貞成にも家伝の書を授けた。小池は後に小笠原姓を賜ったとも伝えられ門弟も多かった。貞成については『御家流伝来』（慶應義塾大学図書館所蔵）に次のように記されている。

・長時公妾服（ママ）ノ庶子也至而末子後ニ小笠原ト唱伝来系図之巻ニ見ヘタリ

・小池師ハ長時公ノ御妾服ノ庶子ナリ貞慶公ノ御末第（ママ）ナリ（後略）

この史料から陶智子は、小池甚之丞貞成が小笠原長時の妾腹の子であるとするが、これを証するものが他には見当たらない。ただし、同じく長時の子である貞慶と「貞」の字が共通する兄弟で、末の弟であることを窺わせると推察し、後に小笠原姓を賜ったとも伝えていると述べている。[20]これは、小笠原流は一子相伝であるにも拘わらず、家臣の小池にも伝えたのは長時の子であるからに他ならないだろう。

小池の孫弟子が水嶋ト也である。ト也は浪人であったが、『貞丈雑記』によれば「常憲院様の若君徳松様（延宝七年（一六七九）生）御髪置の御祝ありしに、御白髪をば堀田対馬守正英献上すべき由仰出されければ、対馬守かの水島に命じて御白髪を調えさせて献上せられけり。この事よりして世上に名高く成りて弟子もおびただしかりなり」[21]と説明しているように、慶長一二年（一六〇七）生まれのト也は高齢になってから名声をあげたらしい。

幕末から明治にかけての水嶋流の礼法家については、陶智子が『近世小笠原流礼法家の研究』に詳細に論考している。[22]その頃の水嶋流の礼法の権威と目されたのが、松岡明義（一八二六〜一八九〇）である。祖父辰方（一七六四〜一八四〇）は、伊藤幸辰から水嶋流を学び、その後高倉流の衣紋堂や伊勢貞春から伊勢流の礼法も学び、松岡流を

写真１　石井泰次郎
（四条流東京一饌会提供）

創始している。父行義の後を継いだ明義は、幕府礼法師範としても家業を継ぎ、明治維新後は神祇官、帝国大学古典科講師や女子師範学校の校長にもなっている。松岡家の礼法は明義の娘止波子が受け継ぎ、父と共に女子高等師範学校で礼節を講じている。その子志計も礼節教師を務めたが、志計の子義男は長唄の師匠になり礼法家の家としては終焉したのである。明義に学んだ帝国大学出身者は中央だけでなく地方の学識者に、そして女子高等師範学校で学び教師になった人たちも全国に散らばって、その教えを日本全国に広めたものと推察される。

松岡家から学び明治・大正・昭和初期に活躍した人物のなかに、石井泰次郎（一八七一～一九五三）がいる（写真1）。石井家の先祖石井治兵衛[23]は包丁儀式の四條流家元として松岡辰方、行義から礼法を学んでいる。泰次郎の日記（『魚菜文庫』慶應義塾大学図書館所蔵）によれば、娘ミイ子（一九一七～一九三二）も若くして亡くなりこの家も終焉してしまった。

しかしながら、泰次郎の弟子たちは全国の老舗料亭の後継者たちであり、全国の料理人にも包丁儀式だけでなく、水嶋流の婚姻儀式や贈物の包み方である折形や結び方が伝えられた。現在でもその教えは「四條流式包丁刀保存会東京一饌会」の会員たちに継承されている。

その他に活躍した有住斎も、松岡家から水嶋流を学び娘常子に継承された。

以上の水嶋流の伝授経路をまとめると、次のようになる。

小笠原大膳太夫長時→小笠原右近太夫貞慶→小池甚之丞貞成→斉藤三郎左衛門久成→水嶋卜也之成
→伊藤甚右衛門幸氏→伊藤幸允→伊藤幸督→伊藤幸辰→松岡辰方
→松岡行義
→松岡明義→松岡止波子→松岡志計→松岡義雄
→有住斎→有住常子
→石井治兵衛→□→□→□→石井泰次郎→石井ミイ子

## 第三節　諸流派の婚姻儀礼の相違

先行研究のなかで、江馬務の小笠原流は伊勢流の不備を充足したという説が存在することから、伊勢流との相違点を確認する必要がある。また、陶智子説の水嶋流の礼法が小笠原流から派生したものであるなら、水嶋卜也が活躍する以前の「小笠原流」には、「時代は変わっても基本は変えない」という小笠原流の法式が残存している可能性が考えられる。

そこで、水嶋卜也が活躍する以前の「小笠原流」と伊勢流、および水嶋卜也が活躍して以降の水嶋流の法式とを比較検討して、近世から不変の小笠原流の法式を述べる。

## 一、水嶋卜也活躍以前の「小笠原流」と伊勢流、および水嶋流の法式

流派によって相違点のある①夫婦盃の順番、②床盃、③床飾り、④座る位置、⑤その他を比較検討する。

水嶋卜也活躍以前の「小笠原流」については『大諸礼集　小笠原流礼法伝書』[24]（原本一五九二・一六〇八年他）を、伊勢流については『貞丈雑記』[25]（伊勢貞丈が〈一七六三〜一七八四〉に記した雑録を一八四三年編集刊行）を、水嶋流については、卜也の弟子が書き記した『婚礼聞書』[26]「合盃の部」（一八四七年）をとりあげる。

ただし、『貞丈雑記』は伊勢流が廃れて、水嶋流が流行っていた時代に記されたものであるため、卜也活躍以前の「小笠原流」のものを先に記す。

### ①夫婦盃の順番

#### （イ）水嶋卜也活躍以前の「小笠原流」

「むこ・よめとりの次第」（一巻　一五九）
のみ様は、先ず酌、女房の方へ行くべし。女ぼうのみ候時、二度並べてくわうる所へ、うちみとて、これも本膳よりちいさきだいに肴すわりて出るなり。（中略）。さて酌、おとこの方へ行き候いて、これも前のごとく二度加うる所へ肴すわるなり。同前なり。さて又酌立ちて、今度はおとこの方へ行くべし。（中略）。女房のみ、その後おとこのみ納むるなり（中略）。
略儀の時は（中略）女房のみ候いて、さておとこの方へ行き、おとこその盃をのみて下に重ね、中の盃にておとこのみはじめ、又女房へさすなり。女ぼうこの盃をのみて、下の三つめの盃にてはじめ候いて、又おとこへおもいざすなり。おとこのみおさむるなり。

**（ロ）伊勢流**

「婚礼の盃の事」（二巻　一八七）

婚礼の時、夫婦盃をとりかわすには、男先ず呑みて女にさす事、古法なり。男は陽、女は陰なり。陽は貴く陰は賤し、陽は陰にさきだつ事、天地の道理なり。（中略）女神伊弉冉尊先ず詞をかけ給いしを、「女の先だつは宜しからぬ事なり」と伊弉諾尊の仰せありし事、『日本紀』神代巻に見えたり。男は女に先立ちて盃をのみて女にさす事、古代よりの礼なり。

**（ハ）水嶋流**

「三々九度盃之事」

合盃ハ土器を嫁呑初ル当流也。加へ共三献参らせ其盃聟へ持行聟共ニ三献呑候

**②床盃**

**（イ）水嶋ト也活躍以前の「小笠原流」には記述がない。**

**（ロ）伊勢流**

「床盃の事」（一巻　二五）

床盃と名付けて夫婦ねやに入りて盃を取りかわし酒のむに、法式ある様に云う。しかれども、古はなき事にて、当世のはやり事なり。ねやにて打ちとけて夫婦酒のむ事に法式はなし。ねながら酒など呑む事、下々の賤しき者などは左様の不行儀なる事をするなり。よき人などはせぬ事なり

**（ハ）水嶋流**

「婚礼床敷様事」

御床入之時（中略）、殿呑初嫁へ指偖殿ニて納ル也、此スル事は本式也

③床飾り

（イ）水嶋ト也活躍以前の「小笠原流」

「むこ・よめとりの次第」（一巻　一五八）

上座に二重・手がけ・置鳥・置鯉あるべし

（ロ）伊勢流

「置鳥・置鯉・二重折」（一巻　三七）

祝儀の座敷に置鯉・置鳥・二重折などを置くは、神に備《ママ》え奉るなり。置鯉・置鳥は神に奉る贄なり。（中略）ただ座敷のかざり物と心得るはあやまりなり。

（ハ）水嶋流

「床錺り真行草之事」

真の床錺りと云ハ、床の真中へ饗の膳一膳聟の居ル方ニ二重台男瓶子置鳥、嫁の居ル方ニ手掛台饗の膳と手掛の（今ハ小笠原家ニテモ組モノノ台）間ニ置鯉一ツ女瓶子一ツ、床縁より下ニ三方ニ三盃土器銚子提

④座る位置

（イ）水嶋ト也活躍以前の「小笠原流」

「むこ・よめとりの次第」（一巻　一五八）

座敷の様体は女房主居、男は客居のかたになおるなり。

## （ロ）伊勢流

「座鋪の主位・客位」（四巻　九八）

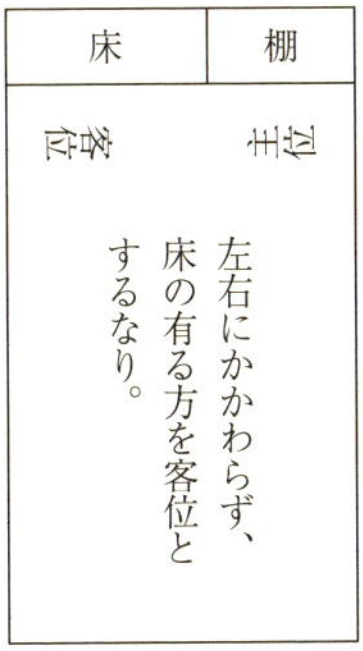


伊勢流における着座位置

座敷の正面に向けて左にても右にても、床のある方は客位なり。棚のある方は主位なり。客位は客人のすわる方なり。主位は亭主のすわる方なり。客居・主居と書くはあしく、位の字を用うるべし。

## （ハ）水嶋流

「主殿座配の事」

男は客居の方江褥を敷女房は主居の方へ褥を敷。待女房ハ小笠原流ニてハ聟方の下之方着座する也。假令伯母姉待女房ニ用ル共聟より下座が吉。主居ハ床より右客居は床より左リ也。然共勝手の附様ニて主居客居違事也。兎角庭の有方を客居と定たるが吉

### ⑤その他

#### （ハ）水嶋流

宝永六年（一七〇九）の『婚礼簡法口伝書』に、次のように記されている。

簡法と云は大あらま□□小身成人の略儀の婚礼を敷の目録也、假令は十なる事をなす時は式法にて大名の婚礼也、十のものを五残し五用るの法を簡法といふなり。

水嶋流では大名の婚礼を一〇とすれば、身分の低い者はその内の五を用いればよいとしている。その後、天明六年（一七八七）の『婚礼簡法門口伝』にも、続けて「都鄙ともにこの教を以其人の分限を考差図」と、記されている。都会でも田舎でもどのような地域であっても、この教えを用いてよく、身分や財力に応じて加減して指図しなさい、とその教授法を示している。

その具体例を『貞丈雑記』（一巻　七三）には、次のように記されている

よめ輿入る時聟の門内にてうちあわせの餅とて老人夫婦餅をつく事、又よめ入の日よめの輿を前をうしろへさかさまにかき出す事、又柳樽を屋内喜多留と書付をする事、又めしがえの輿に筒守・はうこ・犬はりこをのせて戸をひらき人の見物に備うる事、又鴛鴦《えんおう》の衾《ふすま》・長まくらなど云う物を作る事、この外常に替わりたる事ども多し。これ小笠原流なりと云う。（中略）右の事ども、我が家伝にはなき事なり。

伊勢流では、民間の習俗である夫婦で餅を搗くなどということはしないが、水嶋流では様々な民間の習俗を取り

入れ、小笠原流にはないことを創作して「小笠原流」を名乗って教えていたことがうかがえる。さらに、文化三年（一八〇六）の『婚礼簡法口伝書』の巻末には、次のようにも記されている。

右此一書者雖為小笠原流儀之秘事依御執心深令相伝之畢妄不可有他見他言者也

水嶋流の教授法を用いながら、「小笠原流」の秘事であるから、妄りに他見他言せずに、「小笠原流」を名乗るように指示しているのである。

写真２　小笠原流陰の式の床飾り（小笠原流提供）

## 二、小笠原流の婚姻儀礼

先に述べた小倉城庭園で行なわれた小笠原流結婚式を詳しくみていく。

小笠原清信が著した『日本の礼法』のなかに、小笠原流の婚姻儀礼を詳細に説明しているので、それも参考にしながら述べる。[27] 床飾りについては、めでたい掛け物を掛け、床の間の中央に初饗《ういぎょう》（熨斗三方）を置き、その左右に瓶子を置く。これは陰ながら神を祀る心であり、丁寧な式の時には蓬莱三方や置鳥・置鯉なども備える。法式にはすべて真・行・草あり、それぞれに三通りずつ九通りある、と説明している。この法式は、近世、小笠原流から派生した水嶋卜也が活躍する以前の「小笠原流」でも「置鳥・置鯉」を飾るが、神を祀るという記述はないことからも、小笠原流では旧くから神を祀らないめでたい床飾りの法式がとられていたようである（写真２は陰の式の正式な床飾りで中央に蓬莱三方が飾られている）。

夫婦盃の順番については、江馬務が文久二年（一八六二）徳川第一四代将軍家茂と和宮の婚儀における夫婦盃の法式の記録から、「盃は男子婿がまず受くべきを、記録では宮が受けられたとある」[28]と、記録に誤りがあると疑問視している。水嶋流の新法式が正しいと認識していたから疑問を持ったのであろうが、この婚儀は小笠原流二八世常正（明治になり清務と改める）が御用掛を命ぜられており、嫁が先の法式で正しいのである。小笠原流は近世から今日まで嫁が先の法式であることが分かる。

このように、小笠原流の法式の基本は不変であるため、次に報告する婚姻式は現代になって行なわれたものであるが、近世のものと基本的には変わっていない。

夫婦盃を行なうときの出席者は嫁と嫁の介添え人と婿、本酌（雌蝶）、次酌（雄蝶）であって、媒介人（仲人）は同席しない。陰の式というのは、盃事を人のいる前で行なうものではないという意味も含まれているために、式を司る人以外は誰も入れない。嫁と婿の座る位置については、床の間に向かって嫁は左の主居に、婿は右の客居に向かい合って着座する。

床飾りは、床の間にめでたい掛け物を掛け、床の間の中央に初饗（熨斗三方）、その左右に瓶子、その左右に長柄（銚子）の雌蝶、加柄（提子《ひさげ》）の雄蝶を置く。床柱の脇へ三土器三方（盃）、星の物（合盃の肴）を置く。三方には米、熨斗鮑、昆布、勝栗をのせる。これは、陰ながら神を祀る心の表われである。

まず、床飾りにある熨斗三方を持ち出て、嫁と婿との対座の中央に据えて一礼する。これを熨斗披露という。その後、床の間の元の位置に納める。ちなみに、小倉城庭園で行なわれた床飾りは略式であった。

陰の式は、三土器（盃）は白、加柄長柄は銀を使用する。

夫婦盃の順番の特徴を小笠原清忠氏は、次のように説明した。

『古事記』の伊邪那岐・伊邪那美[29]の二神が結婚したときの由来から、伊邪那美命が先に伊邪那岐命に声をかけて子作りに失敗した。そこで神に伺いをたてると、女神が先に声をかけるといけなかったのだから、男神から声を掛けなさいと教えられた。そこで男神の伊邪那岐命から声をかけたら成功した、という言い伝えから、正式には白土器の盃で嫁から飲み始め、色直しでは赤土器に替えて婿から先に飲み始める。

夫婦盃の順番は、一の盃は嫁・婿・嫁へ、二の盃は婿・嫁・婿へ、三の盃は嫁・婿・嫁へと飲み納める。最後は結び酌といって、雄蝶と雌蝶が左回りに三回円形に廻る。これは、伊邪那岐・伊邪那美の二神の結びの神事である。蝶は蚕の蛾を象徴したもので、雌蝶・雄蝶が交錯し、やがて繭を造るという職能的生産と、種族維持の生産が行なわれ新しい命が生まれてくるという意味が込められている。ここで全員一旦退出し、次いで陽の式を行なう。

陽の式は色直しともいい、すべて色物を用い、三土器も赤、加柄長柄も金に替える。式次第は陰の式と同様であるが、夫婦盃の順番は陰の式とは逆になり、一の盃は婿・嫁・婿へ、二の盃は嫁・婿・嫁へ、三の盃は婿・嫁・婿へと飲み納める。結び酌は陽の式では右回りに廻る。三三九度の酒の注ぎ方は「鼠尾《そび》・馬尾《ばび》・鼠尾《そび》」といって、粗相がないように、はじめ細く、中太く、また次第に細く注ぐ。現在一般に行なわれている二度は形式で、三度目に注ぐということはしない。

花嫁衣裳も珍しく、陰の式では白の小袖に帯・帯揚げ・帯締めなど全て真っ白であったが、色直しである陽の式では、小袖と帯を真っ赤なものに着替えた。しかも簪も角隠しもつけず、懐剣も身に付けていない。角隠しは道中の被り物であり、懐剣も道中の身辺の安全のためのもので、婿の家に入ると必要ないという。現在の花嫁は式の時には簪を挿し、角隠しも被り、懐剣も帯の左胸にさしている。ただし、令和元年現在、一般の和装の花嫁姿は角隠しを付けない姿が流行っている。

以上のように、現代の一般の婚姻儀式とは著しく異なることが理解できよう。

## 三、各流派の相違点

伊勢流、小笠原流、水嶋ト也活躍以前の「小笠原流」と水嶋流の各流派による法式の相違点をまとめてみよう。

夫婦盃を飲む順番については、伊勢流では男は陽で貴く、女は陰で賤しいという中国の陰陽説と日本の神話を基にして女が先はよくない。男が先の方が正しいと婿が先に飲む法式をとったが、小笠原流では神話を基にして女が先に声をかけたら良くなかった、と女が先に飲む法式とやり直した男が先に飲むという両方の法式をとった。

床飾りについても、伊勢流では座敷の飾り物ではなく神に備える物としたが、小笠原流では心では神を祀るが、具体的な神は祀らずめでたい床飾りとした。これらは江馬務説の小笠原流は伊勢流の不備を充足させたという点であろうか。

水嶋ト也活躍以前の「小笠原流」と水嶋流でも、小笠原流と同様に嫁が先に飲む法式をとり、略式も嫁が先に飲む法式である。床飾りも小笠原流に準じた法式で神を祀らない。

水嶋流の特徴である新婚夫婦が初夜に寝所で盃を交わす床盃については、伊勢流と小笠原流では行なわない。ト也活躍以前の「小笠原流」には記述がないが、水嶋流では婿が先に飲む法式で行なわれている。

座る位置の用語では、伊勢流では居の字は良くないと、主位・客位と位の字を用いている。小笠原流でも、小笠

**表1　流派別夫婦盃比較表**（参考文献を元に筆者作成）

| No. | 流派 | 刊行年／調査年 | ①夫婦盃の順番 | ②床盃 | ③床飾り | ④座位置 | ⑤その他特徴 | 参考文献 |
|---|---|---|---|---|---|---|---|---|
| 1 | 「小笠原流」水嶋卜也活躍以前 | 一五九二年<br>一六〇八年 | 嫁が先<br>略式：<br>上の盃：嫁→婿<br>中の盃：婿→嫁<br>下の盃：嫁→婿 | 記述なし | 二重・手がけ<br>置鳥・置鯉 | 嫁主居の下座<br>婿客居の上座 | 媒介人出席しない<br>夫婦盃は嫁と婿と二人の間で交わす | 『大諸礼集小笠原流礼法伝書』 |
| 2 | 伊勢流 | 一七六三年<br>一七八四年 | 婿が先 | しない | 神に備える<br>置鳥・置鯉・二重折 | 嫁主位の下座<br>婿客位の上座<br>棚主位・床の間客位 | 返盃なし<br>二つ盃は縁起が悪い | 『貞丈雑記』 |
| 3 | 水嶋流 | 一八四七年 | 嫁が先<br>一の盃：嫁→婿<br>二の盃：婿→嫁<br>三の盃：嫁→婿<br>色直し<br>婿が先 | 婿が先 | ＊神の記述なし<br>真：饗の膳・二重台<br>手掛・置鯉・置鳥<br>瓶子一対<br>行：蓬莱の台・置鳥<br>置鯉・瓶子一対<br>草：鏡餅一重ね<br>瓶子一対 | 嫁主居の下座<br>（棚の有る方）<br>婿客居の上座<br>（床の間の有る方）<br>庭のある方が客居 | 10の内5は分限に合わせてよい<br>「小笠原流」を名乗る | 『婚禮聞書』 |
| 4 | 小笠原流<br>（弓馬術礼法小笠原流） | 一九七五年<br>二〇〇〇年調査 | 嫁が先<br>・陰の式（正式）<br>一の盃：嫁→婿→嫁<br>二の盃：婿→嫁→婿<br>三の盃：嫁→婿→嫁<br>・陽の式（色直し）<br>一の盃：婿→嫁→婿<br>二の盃：嫁→婿→嫁<br>三の盃：婿→嫁→婿 | 記述なし | ＊神は祀らない<br>初饗（熨斗三方）<br>瓶子一対<br>＊真の床飾り<br>奈良蓬莱<br>置鳥・置鯉 | ＊『日本の礼法』<br>嫁主位の下座<br>婿客位の上座<br>床の間に向かって<br>左が主位<br>右が客位<br>＊二〇〇三年<br>主居・客居 | 媒介人出席無し | 『日本の礼法』<br>筆者調査<br>＊二〇〇三年研修 |

（出典）
1 島田勇雄他校訂　一九九三（原本一九五二・一六〇八）『大諸礼集小笠原流礼法伝書』平凡社
2 伊勢貞丈　一九八七（一七六三〜一七八四の雑録）『貞丈雑記』（島田勇雄他校）（東洋文庫）平凡社
3 水島之成（卜也）他　一八四七（弘化四）写「合盃之部」『婚礼聞書』東京都立日比谷図書館加賀文庫所蔵
4 小笠原清信　一九八九（初出一九七五）『日本の礼法』講談社と筆者調査

原清信著の『日本の礼法』では主位・客位の字を用いているが、平成一五年（二〇〇三）の宗家小笠原清忠氏による研修会の資料では、主居・客居の字を用い変化がみられる。しかし、水嶋卜也活躍以前の「小笠原流」と水嶋流では、主居・客居という居の字を用いているため、小笠原流も旧くは居の字を用いていた可能性が考えられる。

座る位置については、伊勢流では部屋の造りによって上位下位は変わり、床の間のある方を客位の上座で婿が座り、棚のある方を主位の下座で嫁が座るが、小笠原流では、床の間に向かって婿が右、嫁が左に、向かい合って座わり、部屋の造りによって嫁と婿の左右の位置は変わらない。ちなみに、長い伝統のある皇室でも、天皇自身からみて左に皇后が位置するというのは部屋の造りに関係なく決まっている。

ところが、水嶋流では部屋の造りによって床の間と棚の左右が変わるために、上位下位が変わると柔軟性をもたせている。さらに、庭のある方を客居の上位にするのが良いという法式をとっている。

その他に水嶋流の特徴は、民間の習俗を取り入れ地域や家格、経済力など分限に合わせて変えてよいとし、「小笠原流」を名乗ることである（表1参照）。

## 第四節　作法書およびビデオにみる夫婦盃の変遷

### 一、近世における作法書

近世期の作法書に掲載された夫婦盃を飲む順番の変遷からみておこう（作法書と史料は表2参照）。

## 表2　作法書と史料およびビデオ一覧表

| No. | 作法書と史料およびビデオ |
| --- | --- |
| 1 | 著者不詳　一九六六「女鏡秘伝書」（原本一六五〇）『家庭学文献集成』渡辺書店 |
| 2 | 苗村丈伯　一九八一「女重宝記」（原本一六九二）『近世文学資料類従』勉誠社 |
| 3 | 水嶋卜也之成他　一七〇九『婚礼簡法口伝書』無窮會図書館平沼文庫所蔵 |
| 4 | 白水編　一九九五「婚礼仕様罌粟袋」（原本一七五〇）大空社編集部編『江戸女性文庫』第二八巻　大空社 |
| 5 | 北尾辰宣　一九九五「女諸礼綾錦」（原本一七五一）『江戸時代女性文庫』第四〇巻　大空社 |
| 6 | 水嶋卜也之成他　一七八七『婚礼簡法門口伝』東京美術学校（芸大）所蔵 |
| 7 | 水嶋卜也之成他　一八〇六『婚礼簡法口伝書』陶智子所蔵 |
| 8 | 水嶋卜也之成他　一八四七「合盃之部」『婚礼聞書』東京都立中央図書館加賀文庫所蔵 |
| 9 | 水嶋卜也之成他　年不詳『小笠原伝統系図』慶應義塾大学狩野文庫（東北大学狩野文庫蔵） |
| 10 | 著者不詳　一九九四「婚礼往来」（原本江戸後期）『往来物体系』第七五巻　大空社 |
| 11 | 松岡明義　一八八五「婚儀式」『玉籭』無窮會図書館神習文庫所蔵 |
| 12 | 有住斎　一九〇一（初出一八九六）『類聚婚礼式』東陽堂 |
| 13 | 下田歌子　一八九七『女子普通礼式』博文館 |
| 14 | 細川潤次郎　一八九九『新撰婚礼式』西川忠亮　日本学士院所蔵 |
| 15 | 石井泰次郎　一九〇二『婚礼千代かゞみ』嵩山房 |
| 16 | 下田歌子　一九一一『婦人礼法』實業の日本社 |
| 17 | 女子教育社編　一九三五『現代礼儀作法』女子教育社 |
| 18 | 塩月弥栄子　一九七〇『冠婚葬祭入門』光文社 |
| 19 | 小笠原清信　一九八九（初出一九七五）『日本の礼法』講談社 |
| 20 | 塩月弥栄子　一九九七（初出一九八七）『改定新版　塩月弥栄子の冠婚葬祭事典』講談社 |
| 21 | 小笠原忠統監修、指導、出演　一九九一『小笠原流礼法　人生儀礼』ビデオ　第六巻　学習研究社 |
| 22 | 草柳大蔵監修　一九九二『冠婚葬祭の作法』グラフ社 |
| 23 | 小野和伸監修　年不詳『神前結婚式』ビデオ　禮典研究会企画 |

①『女鏡秘伝書』

水嶋卜也は元禄一〇年（一六九七）に九一歳で没しているが、礼法家として活躍するのは五〇歳を過ぎてからである。同書は卜也が活躍する以前の慶安三年（一六五〇）の作法書である。

「しき三こんのいはいの事」

よめのまへにもちきたれるを三つすえたるさかつきを、一つとりたまひて三どうけられ、三ほうのひだりのきせんのしたにをかせたまふ。（中略）殿もみぎのごとく。

②『女重宝記』

元禄期に数多く刊行された『重宝記』の中で、最も普及した元禄五年（一六九二）の作法書である。

「志うげんさかづきの事」

さかづき台のさかづきにてまずよめのみはじむるなり。その盃をおとこのむなり。これくわえを三度づつなり。二度目の盃はむこのみはじめてよめにさすなり。これもくわへて三度づつなり。三度めのさかづきはよめのみはじめて聟のみおさむるなり。

③『婚礼仕用罌粟袋』

寛延三年（一七五〇）の作法書である。初刊から半世紀過ぎた寛政七年（一七九五）にも再板されている。京都の富裕階層を対象にした説明をしているが、江戸中期の民間人の婚礼の模範になった実用書である。

「式三献」

嫁盃取上のむ。くはへさせ又のむ。くはへさせ又のむ。此盃聟にさす。
聟くはへさせのむ。くはへさせ又のむ。くはへさせ又のむ
聟のみたる盃をあとの新盃二枚有下に入置上なる新盃を取上

④『**女諸礼綾錦**』

明和九年（一七七二）の作法書である。半世紀の間に最低五種ほどの板権（江戸時代まで板木に彫った）があり、庶民にふさわしい内容のため相当普及していた。

「婚姻の盃の事」
よめより盃を取あげ。聟にさす事。いづくの浦までもよく人のしりたる事也。然るにこの比中国の書のかたはしをもよみならひし人。是を大に笑ふていふやう。（中略）もろこしとハ相違ある事。

⑤『**婚礼往来**』

庶民の視点にたった説明をしており、天保元年（一八三〇）には流布していた。

「座配の次第」
世間之禮法ニ嫁　飲初而夫江さすと云　為非禮故高貴ニ者無之事なり。下俗にてハ女之方　飲始夫へ指夫亦第二之盃ニ而飲始女へ指。三度迄是を取遣し祝儀を済す事也。

近世の作法書は、いずれも礼法の流派については分からないが、夫婦盃の順番については、水嶋卜也の活躍以前

に出された『女鏡秘伝書』は、嫁が先に飲む法式であった。その後のト也活躍以降の『女重宝記』と『婚礼仕用罌粟袋』も、嫁が先に飲む法式であった。『女諸礼綾錦』は中国では婿が先であるが、日本では嫁が先の法式が正しいと、中国と比較することで、日本文化の特徴を示そうとする記述である。『婚礼往来』は高貴な人は婿が先に飲むが、庶民は嫁が先に飲むなどと分限に合わせて飲む順番の法式を変えている。

床飾りについては、いずれの作法書も神に関する記述がなく、民間には神を祀るという伊勢流の影響はみえてこない。

## 二、近代における作法書

明治維新以降の近代化によって、婚姻儀礼の法式にも大きな変化が生じた。その最大の特徴は、神前結婚式が創案されたことである。その成立が、その後の婚姻法式に影響を与えることになった。先ず神前結婚式の成立を述べ、次に自宅結婚式の法式から分析する。

### (1)　神前結婚式の創案頃の法式

明治一八年（一八八五）、水嶋流の権威者で神祇官でもあった松岡明義が、神を祀り、夫婦盃の順番は婿が先の法式の「婚儀式」を講演している。この法式の式場は、神社ではなく自家の座敷に神座を設けて行なうというものであった。

神前結婚式の発案者の細川潤次郎の『新撰婚礼式』も自家の床の間に神座を設け、夫婦盃の順番については、婚礼は男子の家で行なうから主人が先に飲むのが正しいとしている。これは松岡の「婚儀式」とよく似通っている。

細川は法学者であって礼法家ではないことから、「婚儀式」を基にしたと考えられる。

神宮奉賛会は、細川の『新撰婚礼式』の法式を基にして、華族女学校の生徒をモデルに神宮奉斎会の講堂で模擬結婚式を行なっている。神宮奉斎会は、これを機に礼法講習会を開き、上流階層の人達を対象に講座を開いている。講座内容は新婚礼式をはじめ礼法、宮廷礼法などもあり、礼法の講師には小笠原流の小笠原清務も名を連ねている。しかし、新婚礼式の講師は緒方万となっており、小笠原流の婚姻式の法式は採用されていない。下田歌子も宮廷礼法の講師として名はあるが、下田の薦める夫婦盃の順番は嫁が先に飲み、床の間には神を祀らないという水嶋流の旧法式でもなかった。松岡明義の水嶋流の新法式を推奨していったのである。

以上のことから神前結婚式の夫婦盃の法式の成立は、水嶋流の新しい法式が取り入れられて、この礼法の影響が大きかったことがうかがえる。その分析は第二章で述べる。

## (2) 自宅結婚式の法式

近世の作法書での夫婦盃を飲む順番は、嫁が先の法式であったが、水嶋流の有住斎著の『類聚婚礼式』(明治三四年刊)では、伊邪那岐命・伊邪那美命の前で行なうのに女が先は非礼であるとし、同じく水嶋流の石井泰次郎の『婚礼千代かゞみ』(明治三五年刊)でも、婿より始めるのが正しいと主張し、床の間に神を祀り夫婦盃の順番は婿が先に飲むという法式に変わってきている。

しかし、下田歌子の『婦人礼法』(明治四四年刊)では、この法式に反論している。下田は一二年前に、華族女学校の学校長であった細川潤次郎の提案した『新撰婚礼式』を、同学監(学校長補佐)として、『新撰婚礼式』の序で、新法式の婚礼式は今の時勢に合っていると推薦したにも拘わらず、『婦人礼法』の「緒言」では、「明治になって、礼法が支離滅裂となり同一国内においても、国民が何れの礼法を行なったらよいのか迷っている、日本礼法の過渡期に礼法の根據を失われた方のために」（二、三頁）と別の法式を提案している。その法式はといえば、夫婦盃を行なう部屋の床飾りは、神を祀ってその前で婚礼式をするのはもったいないので、神を祀らず、夫婦盃を飲む順番も嫁が先に飲む法式が日本人として最も正しい、と水嶋流の新しい法式に異論を唱えたのである。

下田はそれ以前に『普通女子礼式』（明治三〇年刊）を著わしているが、このなかでは、床の間に神を祀るという説明はなく、単に夫婦盃をする前に「祖宗の氏神にまいるのはかまわない」（二二一頁）とだけ述べている。夫婦盃の順番についても嫁が先か婿が先かは、「其人の心々に取り用いて可」（二二三頁）と、水嶋流の新法式を受容しようと考えていたのかもしれない。

ところが、その一四年後に著わした『婦人礼法』では、水嶋流の新法式に強く反対し、旧来からの法式こそが日本人として最も正しいと力説したのである。下田は、先の細川とは華族女学校の学校長補佐と学校長という関係でもあり、明治政府が推進する神前結婚式の創案者の一人であったことから、水嶋流の新法式を受け入れたかに見えたが、『婦人礼法』では神前結婚式については全く触れていない。余程この法式には我慢がならなかったとみえる。当時、政府が新しいことを始めるときには、女性の代表として必ず下田歌子の名があがるほど、わが国の女性のなかで最も社会的地位があり、女子教育者としても権威者であった下田の書は、後の自宅結婚式に大きな影響を与えることとなった。

ちなみに下田はそれ以降、帝国婦人協会会長や愛国婦人会会長として全国各地で講演もしている。その影響を受けたと思われる女性が編集した女子教育社の『現代礼儀作法』（昭和九年刊）は、自宅結婚式も神前結婚式も嫁が先の法式をとっている。

以上のことから、自宅結婚式での夫婦盃の順番は婿が先で、床の間には神を祀るという水嶋流の新法式と、下田の夫婦盃は嫁が先で、床の間には神を祀らないという水嶋流の旧法式とが、それぞれこちらこそが正しいとしてしのぎを削りながら併存していった。

また、有住斎と石井泰次郎も、作法書の中でも様々にアレンジして創作した婚姻式を提案しているが、ともに「小笠原流」を名乗っている。そして、石井は松岡家の門下たちだけでなく基本を知らない礼式教師たちが勝手に「小笠原流」を名乗っている、とも述べている。さらに、近世のままの水嶋流の礼法は、「小笠原流の名によって生徒をあつむる教師の教授法と共に用いられぬ法なり」（二一七〜二一九頁）と、他の礼法家たちを批判している。このように、石井は水嶋流の夫婦盃は嫁が先に飲み、床飾りには神を祀らないという旧法式を否定し、夫婦盃は婿が先に飲み、床飾りには神を祀るという新法式こそが正しい「小笠原流」と主張したのである。

いずれにしても小笠原流という名が生徒を集めるのに効果的であったことから、礼法家たちはどのような法式であれ、皆「小笠原流」を名乗り、松岡も誰も水嶋の名も出さなかったのである。

## 三、現代における作法書およびビデオ

現代の作法書については、戦後長くベストセラーとなった塩月弥栄子の『冠婚葬祭入門』（昭和四五年刊）や、一般に広く受け入れられた草柳大蔵監修の『冠婚葬祭の作法』（平成四年刊）がある。これらの自宅結婚式では、床の間には神を祀っても、めでたい掛け軸だけでもよく、夫婦盃の順番も嫁が先でも婿が先でもどちらでもよいと説明している。しかしながら、婿が先の法式を詳細に説明し、嫁が先の法式もあると付記しているにすぎない。ところが、塩月弥栄子は一七年後に著した『改定新版　塩月弥栄子の冠婚葬祭事典』（昭和六二年刊）では、自宅結婚式が

表３　作法書の夫婦盃変遷表（筆者作成）

| No. | 刊年 | 作法書 | 著者（監修） | 流派 | 自宅結婚式 夫婦盃順番 Ⅰは嫁先 Ⅱは婿先 | 自宅結婚式 床飾り ●神祀る | 神前結婚式 夫婦盃順番 Ⅰは嫁先 Ⅱは婿先 | 板元 出版社 |
|---|---|---|---|---|---|---|---|---|
| 1 | 一六五〇年（慶安三） | 『女鏡秘伝書』 | 不詳 | ？ | Ⅰ | ― | 記述無し | 野田弥兵衛（板元） |
| 2 | 一六九二（元禄五） | 『女重宝記』 | 苗村丈伯 | ？ | Ⅰ | 置鯉・置鳥 | 記述無し | 吉野家次郎兵衛（板元） |
| 3 | 一七五〇年（寛延三） | 『婚礼仕用罌粟袋』 | 白水編 | ？ | Ⅰ | 鏡餅等 | 記述無し | 和泉屋次郎伝衛（板元） |
| 4 | 一七五一年（寛延四） | 『女諸礼綾錦』 | 北尾辰宣 | ？ | Ⅰ | 嶋台・手掛等 | 記述無し | 田原屋平兵衛（板元） |
| 5 | 江戸後期 | 『婚礼往来』 | 不詳 | ？ | 高貴な人：Ⅱ 庶民：Ⅰ | 雌蝶の瓶子 提子・銚子等 | 記述無し | 西村屋与八 川村儀右衛門 |
| 6 | 一八八五年（明治一八） | 「婚儀式」 | 松岡明義 | 水嶋流 | Ⅱ | ●神 | | 講演 |
| 7 | 一八九六年（明治二九） | 『類聚婚禮式』 | 有住斎 | 水嶋流 | Ⅱ | ●神 | 記述無し | 東陽堂 |
| 8 | 一八九七年（明治二九） | 『女子普通礼式』 | 下田歌子 | ？ | Ⅰ Ⅱ | 記述無し | 記述無し | 博文館 |
| 9 | 一八九九年（明治三二） | 『新撰婚礼式』 | 細川潤次郎 | 水嶋流 | Ⅱ | ●神 | 記述無し | 西川忠亮 |
| 10 | 一九〇二年（明治三五） | 『婚禮千代かゞみ』 | 石井泰次朗 | 水嶋流 | Ⅱ | ●神 神床 | 記述無し | 嵩山房 |
| 11 | 一九一一年（明治四四） | 『婦人禮法』 | 下田歌子 | ？ | 正式：Ⅰ 略式：Ⅰ | 蓬莱山 高砂・島台等 | 記述無し | 實業の日本社 |

| | | | | | | | | |
|---|---|---|---|---|---|---|---|---|
| 12 | 一九三四年（昭和九） | 『現代禮儀作法』 | 女子教育社編 | ？ | Ⅰ | めでたい掛け軸 銚子・提子 | Ⅰ | 女子教育社 |
| 13 | 一九七〇年（昭和四五） | 『冠婚葬祭入門』 | 塩月弥栄子 | ？ | Ⅰ Ⅱ | めでたい掛け軸 三宝のし 置鯉・置鳥 | Ⅱ | 光文社 |
| 14 | 一九八九年（平成元）（初一九七五） | 『日本の礼法』 | 小笠原清信 | 小笠原流 | 正式：Ⅰ 略式：Ⅰ | 初饗 瓶子一対 | 記述無し | 講談社 |
| 15 | 一九九七年（平成九）（初出一九八七） | 『改定新版　塩月弥栄子の冠婚葬祭事典』 | 塩月弥栄子 | ？ | Ⅰ | めでたい掛け軸 日の出・松竹梅 生花・長熨斗 | Ⅱ | 講談社 |
| 16 | 一九九一年（平成三） | 『小笠原流礼法　人生儀礼』ビデオ | 小笠原忠統 | 現代の惣領家流 | Ⅰ | 蓬莱山 州浜台・島台 | 無し | 学習研究社 |
| 17 | 一九九二年（平成四） | 『冠婚葬祭の作法』 | 草柳大蔵（監修） | ？ | Ⅱ Ⅰ | ●神 伊邪那岐命 伊邪那美命 | Ⅱ | グラフ社 |

ほとんど行なわれていない現代において、夫婦盃の順番は嫁が先に飲み、神も祀らないという法式に変えているのである。

これは、時系列でみると小笠原清信著の『日本の礼法』（昭和五〇年刊）の影響が考えられる。小笠原流の法式は、床の間には神を祀らず夫婦盃の順番も嫁が先である。

平成三年ビデオでの現代の惣領家流の法式は、床飾りは小笠原家に伝わる古文書から復元した蓬莱山(30)を象った鶴亀、州浜台と島台を飾ると述べ神は祀っていない。夫婦盃を飲む順番も嫁が先の法式である。特徴的なことは、夫婦盃の際は床の間に飾っている三つ重ねの盃と肴を載せた島台を、まず嫁の前に据え、婿が飲むときは婿の前に据える。終われば床の間に返すというのである。

神前結婚式については、現代の物領家流には記述はないが、その他はいずれの作法書も神前で行ない、夫婦盃の順番は婿が先の法式をとっている（表3参照）。

## 第五節　民俗調査報告書にみる夫婦盃の変遷

### 一、近世における夫婦盃と水嶋流

流派の主張や作法書の説明とは別に、民間においての夫婦盃はどのように行なわれていったのであろうか。民俗調査報告書のなかに、水嶋流に関する報告がいくつかある。

例えば、宮城県では「お相伴人と呼ばれる礼式に手馴れた者が司って、（中略）儀礼は近世になってから武家社会の小笠原流とかの礼法が取り入れられた[31]」との報告があり、近世になってから庶民とはいっても武家では「小笠原流」と称しつつも、実際には水嶋流の法式で行なわれていた。

また、文化一二・三年（一八一五・一六）以前に調査した『諸国風俗問状・答』の北越月令でも「士家婚礼の式小笠原流を守り」（五九一頁）と、報告している。同じく伊勢國白子領にも「儀式は大てい小笠原流により、其分限にしたがひ、省略する事也」（六二五頁）となっている。

ところが越後國長岡領では「農商の家は、（中略）舅姑をはじめ婿、こじうと、其家の親類に対面し女の行末をまかせ、したしみを結びて帰る」（五五五頁）や、丹後國峰山領でも「下々にては禮と申程の儀無御座候」（六七二頁）とも報告されている。[32]

このように、武家では指南者によって水嶋流の法式で、それも分限によって行なわれていた。ところが、農家や商家では家族や親類との盃事はあっても夫婦盃はなく、庶民の婚姻には儀式というほどのことは行なわれていなかったようである。

幕末頃までについては、『日本民事慣例類集』の「婚姻の項」（明治一三年刊）には、次のように記録されている。(33)

○畿内
契約定マリシ後媒介人婦家ニ往キ、其父母及ヒ婦ト盃酒献酬シコノ盃ヲ持チ帰リ婿ノ家ニ納ムルヲ契約ノ證トナス慣例ナリ。（大和國添上郡）
○東海道
婚姻ノ節ハ三三九度ノ酌人ハ必ス雙親ノ存スル男女ヲ用ル例ナリ。（遠江國敷知郡）
○東山道
婚姻ノ節ハ雙方相談ノ上媒介人ヲ頼ミ萬事引請祝盃ノ時ハ村役人見届トシテ立合フ慣例ナリ村役人立合アルヲ以テ別ニ届ノ手続ナシ。（信濃國水内郡）
結納終リシ上ハ未タ婚姻セスト云ヘ共親戚ノ縁アル者トシ云々。（羽前國村山郡）
○山陰道
婚儀ハ身元厚キ者ハ日中執行ヒ薄キ者ハ夜中ニ執行フヲ例トス。（石見國邇摩郡）
○西海道
承諾ニ至レバ改メテ婚姻ノ式ヲ行フモノアリ略シテ行ハサルモアリ。（肥後國天草郡）

契約定レバ媒介人酒肴ヲ携へ婦ノ家へ至ル之ヲ「盃カ済ンダ」と唱へ、云々。（日向國臼杵　郡）

明治期以前には、婚姻式での盃事よりも婚約での盃事の方が重要で、承諾さえあれば婚姻式はしない場合もあった。婚約とは、現代のような嫁と婿との当事者間ではなく、媒介人と親あるいは一方の本人との間の盃事で決まり、婚姻式は周囲の人に披露をする意味で行なうものであった。また、盃事の時には、媒介人や村役人の立会いがあれば婚姻を届け出る必要はなく、夫婦盃をしたという報告もなかった。

珍しい報告としては、石見國邇摩郡の例をあげることができ、婚儀は身元の厚い者は日中に、薄い者は夜中に行なうというように、家格によって式を挙げる時間帯が異なっていた。

このように、近世の小笠原流は弟子達も民間に伝えなかったことを考え合わせると、水嶋流が武家の婚礼を指南して影響を与えていたものの、庶民にはさほど影響を与えるに至らなかったものと推察される。

先にあげたような作法書は、武士や上流階層の人たちには影響があっても、民俗学が対象とする庶民にはあまり縁のないものであった。

ところが興味深いことに、先述の小笠原家では将軍家茂と和宮の婚儀の御用掛を命ぜられているが、『風俗画報』の「和宮様御婚礼畧記」に「二月二十五日の御水祝の御式有之に若年寄水桶二つ笹二つ持出老中御肩衣に水を注ぎ御祝儀申上候此水祝と申は昔は民間にも行はれしと云ふ」(34)と記され、民間の習俗を取り入れて「水祝い」を行なっており、徳川家においても水嶋流の影響がみられるのである。

## 二、近代における夫婦盃と水嶋流

近世から明治初め頃の法式については、『風俗画報』の「婚姻の古礼」に「光源氏の、葵の上の方へ出させ給ふ類、思ひ合すべし。ここを以て女の方より盃をはじむ。亭主方なればかかる古禮も所謂ある事なるに、中古以後は、よめ入とて初より夫の方へゆき、盃は古禮のこりて、女よりはじむることによりて、異説さまざまに行はれぬ[35]」と述べ、近代初期までは、夫婦盃の順番は旧くからある嫁が先の法式が正しいと考えていたようである。

水嶋流に関しては、『東京人類学会報告』（明治一九年刊）の備後福山地方の報告に、儀式は礼法家を雇い委任する。礼法の多くは「小笠原流」なり、との記述がある[36]。『旅と伝説』（昭和八年刊）にも、青森県野辺地地方では識者に儀式の指南を頼み、町方では「小笠原流」らしい式が流行しだした（三一～三五頁）。その後も、庶民層にも夫婦盃が行なわれたという報告が二十三例あることから、昭和の初め頃には庶民にも夫婦盃が普及していたことが判明する。しかし、夫婦盃の順番は、嫁から始めるとの報告はあるが、婿から始めるという報告がないことは、注目されてよい。

神前結婚式については、山口県大島では「下田八幡宮社司正田重真君が、神前結婚を提唱して居るが、同社で挙式したものは、僅か二組しかない。」（一二五頁）と、神前結婚式も勧められてはいるが、まだ庶民には一般的ではなかったようである[37]。

## 三、現代における夫婦盃と水嶋流

次に、限られた報告例ではあるが、『日本民俗調査報告書集成』などを分析対象とする[38]。同書は文化庁指導のもとに、各都道府県の教育委員会が中心となり、大きく変貌を遂げる直前の昭和三〇年代後半から四〇年代末までに行われた各地の民俗の記録である。

これらには、夫婦盃に関する報告が一五〇例以上あり、そのうち「夫婦盃は以前はなかった」というのは二〇例程度で全体の一三％であった。

床飾りの場所については「夫婦盃が行なわれた」との報告があった地域の多くでは、座敷ではなく新夫婦の寝室となる納戸であった。戦前に建てられた庶民の家屋には床の間は少なく、床飾りは庶民はしなかったと考えられるが、それに代わるものの報告はない。

庶民が夫婦盃をいつ頃から行なうようになったのかについては、富山県においては、三三九度は大正初めまでなかった、山形県酒田市飛島でも「昭和一〇年頃までは結婚式の儀式はなかった」（『山形県編』一〇四五頁）と報告がある。遅いところでは、岩手県に「戦前は親と仲人が盃を交わしたものを、戦後は結婚当事者同士が交わすようになった」（『岩手県編』三九九頁）と、戦後から行なわれるようになった。

戦後から昭和六〇年頃までをピークに流行った神前結婚式については、作法書も神社本庁指導の『神前結婚式』のビデオも、神官への聞き取りからも、夫婦盃の順番は全て婿が先に飲む法式となっている。

## 第六節　現代人の夫婦盃の意識

### 一、現代の夫婦盃の法式

現代の婚姻の儀式の指南者に夫婦盃の順番について尋ねると、昭和三〇〜五〇年頃まで香川県高松市周辺で自宅結婚式の夫婦盃の采配をしていた料理人の香西英雄氏（大正一四年生）は、芸者から婚礼の儀式作法を習い、婿が先の法式をとっていた（第四章で詳しく分析する）。現在の結婚式をリードする司会者三人に尋ねると、神前結婚式では婿が先であるから、人前結婚式での夫婦盃を希望するカップルには、その法式で行なっていると答えた。

そこで、筆者の作法受講生で大正一四～平成一二年の七五年間に婚姻をした一八八人（話者の姑・実母も含む）に聞き取り調査を行なった。その結果、昭和三二年に婚姻をした一人のみ嫁が先であったと答えたが、その他の人達は「自分のときの夫婦盃は覚えていないが、昔の封建時代からあるのだから、男尊女卑の考えで婿が先でしょう」とか、「嫁の私が先だったら、なぜだろうと不思議に思うが、何も思わなかったのだから婿が先でしょう」と、昔から婿が先であるという認識であった。

ところで、最近の傾向としては仲人なしの人前結婚式が増えている。挙式前に入籍を済ませ同居している事例も多く、入籍のときに現代版の仮祝言を挙げ、そこで夫婦盃を行なったという事例が三組あった。

次に、その当事者達が考え出した夫婦盃の三三九度意識を見ていく。

## 二、現代の仮祝言の夫婦盃

調査報告事項は、①結婚した年月日。②仮祝言の月日。③仮祝言を挙げた理由。④その方法とその後の様子。⑤結婚式の様子、などである。〈　〉内は、出身地または在住地など、順を追って報告する。

**＊事例1**〈嫁の里が高松市、婚家は奈良県〉

①結婚式：平成八年（一九九六）四月

②仮祝言：平成八年一月一六日

③仮祝言を挙げた理由。
姑に、急にこの日までに結婚したら縁起がいい、といわれた。
④方法とその後の様子
姑、嫁、婿の三人で姑の家で盃事とケーキカットをした。仮祝言の当日入籍し、同居したが、嫁入り道具は準備が出来ていなかったので、二月に新居に入れた。
⑤結婚式の様子
結婚式にも改めて夫婦盃をした。結婚式には仲人はいたが、仮祝言には同席していない。仮祝言には嫁の両親も、遠方であったため出席していない。

**＊事例2**〈嫁婿ともに高松市出身〉
①結婚式：平成九年二月
②仮祝言：平成九年六月
③仮祝言を挙げた理由
結婚式の日取りは仲人の都合で決めていたが、その後、夫の弟の結婚が決まり、夫の身内から、兄が弟の後にするのは縁起が悪いということで、仮祝言を挙げた。
④方法とその後の様子
仮祝言に仲人は欠席したが、親戚への披露をした。仮祝言前から同居していた。
⑤結婚式の様子

結婚式には仲人がいて、改めてまた夫婦盃をした。

**＊事例3**〈婿は山口県、嫁は香川県〉

①結婚式：平成一三年六月
②仮祝言：平成一三年一月
③仮祝言を挙げた理由
嫁の兄も同年に結婚することになり、親戚の人から同じ家から目出度いことが二つあるのは縁起が悪いといわれた。しかし、そのときはすでに年が明けていたので、旧暦で考え、正月前ということで挙げた。
④方法とその後の様子。
両家の両親との六人で夫婦盃と親子盃をした。仮祝言後、直ぐに入籍して、新居に道具を入れ同居した。
⑤結婚式の様子。
結婚式には再び神前結婚式で夫婦盃をした。仲人は、なりたい人はいたが、断って仲人なしで行なった。

以上の三事例のうち、事例3のカップルの夫婦盃の順番は、作法書を参考に嫁婿二人で相談して決めている。その順番を報告しよう。

仮祝言は料亭で行ない、床飾りには神は祀らずに正月の飾りであった。銚子と盃は正月用の屠蘇器で行なったので、雄蝶雌蝶の飾りではなく、屠蘇飾りが付いていた。

夫婦盃の順番は、一の盃で婿・嫁の順に飲み、嫁には婿の父が注ぎ、婿には嫁の父が注いだ。二の盃は嫁・婿の順に飲み、嫁には婿の母が注ぎ、婿には嫁の母が注ぎ、両家両親と嫁婿の六人で執り交わした。三の盃は使わず、肴も無く仲人もいない。水嶋流の新法式とを比べると、現代の若者も、夫婦盃は婿が先に飲むとの認識であるが、神の前で執り交わすという意識には拘っていないということがいえる。これは、作法書から独自に考え出された法式である。

その他に、三組の聞き取り調査から分かったことが三点ある。一点目は、仮祝言は縁起をかついで行なわれていること。二点目は、三組とも仮祝言と結婚式と二度夫婦盃を行なっていること。三点目は、仮祝言を機に夫婦同居、入籍を済ませ、実質的には夫婦となっているが、夫婦盃を行なうことで、婚姻したという認識の重層性をもっていることである。

特に、事例2の場合の仮祝言では、夫婦盃だけでなく、親子盃や親戚への披露も行ない社会的承認もされ、後日の結婚式の意味もなくなっている。しかし、夫婦盃がイベントとしての祭り的要素が重要であるというのも、現代の婚姻式といえるのかもしれない。

## 第七節　夫婦盃のタイプ別類型

水嶋流の礼法家たちの影響による婚姻儀礼の法式の変化が、民俗調査報告書や筆者の聞き取り調査に表れていたことから、夫婦盃をタイプ別に表化して、その変遷を分析する。

民間では仲人が夫婦盃に参加して飲む場合があることから、タイプを嫁が先に飲む法式をⅠ、婿が先に飲む法式をⅡ、嫁婿同時に飲む法式をⅢにし、それぞれ仲人が夫婦盃を飲んで参加する法式をA、参加しない法式をBとした。

## 一、全国の夫婦盃の変遷

全国の夫婦盃類型の変遷の表4をみると、明治二九年刊行以前は、いずれも嫁が先に飲む法式であったが、昭和八年刊行頃からの報告には、嫁が先と婿が先という両法式が表れている。これは水嶋流の新旧の法式が、それぞれ自らの法式こそが正しいと力説した作法書が出版されたり、すでに旧法式を取り入れている地域があり、民俗調査報告書にも嫁が先と婿が先の両法式が併存したと考えられる。

夫婦盃の順番において、嫁が先か婿が先かというのは全国的には地域的特徴はなく、同地域でも両法式が併存していた。ただし、時代的変遷の分析が不充分なため、香川県高松市周辺地域に特定して、明治・大正・昭和・平成の民俗調査報告書と聞き取り調査からみていきたい。

## 二、香川県高松市周辺地域の場合

表5にみる香川県高松市周辺地域でも、藩政時代の武家や上流階層では夫婦盃が行なわれていた。その後、庶民も行なうようになったが、夫婦盃の詳細な報告はない。これは、調査者も話者も夫婦盃の法式に関心が低かったのであろうか。昭和三〇年頃になると、嫁が先と婿が先という両法式が併存していたが、神前結婚式が行なわれるようになると、自宅結婚式も仮祝言も婿が先の法式をとるようになっている。後述の第四章第五節で詳細に分析（表5参照）。

## 三、夫婦盃のタイプ別類型

表6の夫婦盃のタイプ別類型では、明治二七・二九年刊行の報告書以前は、夫婦盃の順番は嫁が先の法式が一〇〇％であったものが、昭和八年刊行頃からは嫁が先の法式が依然多いものの、婿が先の法式が表れ、昭和三〇年頃調査からは婿が先の法式が増加し、現在では神前結婚式だけでなく、人前結婚式や仮祝言においても婿が先の法式が一〇〇％となっている。香川県においても、同時期には両法式が併存して、全国的調査とほぼ同傾向にあった。

表4の長野県諏訪湖畔地方や福島県いわき鹿島地方、宮崎県に報告されている嫁婿同時の法式は口伝書や作法書にもない。また、香川県だけでなく、全国でも多くの地域に報告されている仲人が夫婦盃に参加する法式は、口伝書にはないが、作法書には民間では行なわれていると説明されていることから、指南者たちが民間で行なわれていた法式を取り入れたものかと考えられる。

夫婦盃が行なわれるようになる以前からあった親子盃や親戚の盃事は、礼法の影響ではなく民俗として長年培われてきた法式であろう。しかし、礼法の影響を受けてからは、指南者たちが多少変えていった可能性は考えられる。

**表4　全国の夫婦盃類型変遷表**（筆者作成）

| 年 | 夫婦盃タイプ<br>Ⅰは嫁が先<br>Ⅱは婿が先<br>Ⅲは嫁婿同時<br>Aは仲人参加<br>Bは仲人不参加 | 夫婦盃順番 | 地域 | 出典 |
|---|---|---|---|---|
| 一八九四年（明治二七）刊 | Ⅰ—B | 嫁→婿→嫁 | 伯州地方 | 『風俗画報』七五号一七頁 |
| | Ⅰ—B | ＊普通<br>嫁：一の盃・二の盃・三の盃<br>←<br>婿：一の盃・二の盃・三の盃 | 尾張 | 『風俗画報』七五号一三、一四頁 |
| | Ⅰ—B | ＊鄭重<br>一の盃：嫁→婿→嫁<br>二の盃：婿→嫁→婿<br>三の盃：嫁→婿→嫁 | | |
| | Ⅰ—B | 一の盃：嫁→婿→嫁<br>二の盃：嫁→婿→嫁<br>三の盃：嫁→婿→嫁 | 甲斐国 | 『風俗画報』七五号二〇頁 |
| 一八九六年（明治二九）刊 | Ⅰ—A | 媒酌人→嫁→婿→親→媒酌人妻→媒酌人夫→嫁→婿 | 福岡県京都郡及近郡 | 『風俗画報』一一三号二二頁 |
| 一九三三年（昭和八）刊 | Ⅱ—B | 婿→嫁→婿 | 長野県飯田町 | 『旅と伝説』五一頁 |
| | Ⅲ—B | 嫁に雌蝶が、婿に雄蝶が同時に注ぐ | 長野県諏訪湖畔地方 | 『旅と伝説』五七頁 |
| | Ⅰ—B | 嫁→婿→嫁 | 長野県諏訪湖畔地方 | 『旅と伝説』五七、五八頁 |
| | Ⅰ—B | 嫁→婿 | 栃木県足利市外の農村 | 『旅と伝説』六五頁 |
| | Ⅰ—B | 嫁→婿→嫁を三度繰り返す | 徳島市付近 | 『旅と伝説』一三一頁 |
| 一九五六年（昭和三一）刊 | Ⅱ—B | 一つの盃：婿→嫁→婿 | 北海道 | 「厚真町史」<br>『北海道の祝事』一二五頁 |

| 年 | 夫婦盃タイプ<br>Ⅰは嫁が先<br>Ⅱは婿が先<br>Ⅲは嫁婿同時<br>Aは仲人参加<br>Bは仲人不参加 | 夫婦盃順番 | 地域 | 出典 |
|---|---|---|---|---|
| 一九五六年（昭和三一）刊 | Ⅱ—B | 一の盃：婿↓嫁↓婿<br>二の盃：嫁↓婿↓嫁<br>三の盃：婿↓嫁↓婿 | 北海道農漁村 | 「厚真町史」<br>『北海道の祝事』一二四・一二五頁 |
| | Ⅰ—B | 一の盃：嫁↓婿↓嫁<br>二の盃：婿↓嫁↓婿<br>三の盃：嫁↓婿↓嫁 | 北海道農漁村 | 「厚真町史」<br>『北海道の祝事』一二五頁 |
| 一九五五～一九六五年（昭和三〇～四〇）調査 | Ⅱ—B | 婿↓嫁↓婿 | 山形県飯豊山麓中津川 | 「山形県編」<br>『日本民俗調査報告書集成』<br>二八九頁 |
| | Ⅲ—B | 一の盃：嫁婿同時<br>二の盃：嫁婿同時<br>三の盃：嫁婿同時 | 福島県いわき鹿島地方・群馬県 | 「福島県編」<br>『日本民俗調査報告書集成』<br>五七七頁 |
| | Ⅱ—B | 小盃：婿↓嫁↓婿<br>中盃：嫁↓婿↓嫁<br>大盃：婿↓嫁↓婿 | 静岡県内浦 | 「静岡県編」<br>『日本民俗調査報告書集成』<br>七六七頁 |
| | Ⅰ—A | 嫁↓婿↓嫁側ナカダチ人夫婦↓<br>↓婿側ナカダチ人夫婦↓ツレヨメゴ | 熊本県 | 「熊本県編」<br>『日本民俗調査報告書集成』<br>三一〇頁 |
| | Ⅰ—B | 一の盃：嫁↓婿↓嫁<br>二の盃：婿↓嫁↓婿<br>三の盃：嫁↓婿↓嫁 | 佐賀県神崎郡背振村 | 『九州の祝事』一三七頁<br>『日本民俗調査報告書集成』<br>三〇七頁 |
| | Ⅲ—B | 一の盃：嫁婿同時<br>二の盃：嫁婿同時 | 宮崎県 | 「宮崎県」<br>『日本民俗調査報告書集成』<br>二四二頁 |

表5　香川県高松市周辺の夫婦盃の変遷表（筆者作成）

| No. | 年 | 地域名 | 夫婦盃の順番 | 夫婦盃タイプ<br>Ⅰは嫁が先<br>Ⅱは婿が先<br>Ⅲは嫁婿同時<br>Aは仲人参加<br>Bは仲人不参加 | 夫婦盃呼称 | 夫婦盃場所 | 肴 | 特徴 | 出典<br>筆者調査 |
|---|---|---|---|---|---|---|---|---|---|
| 1 | 一八八〇年以前（藩政時代） | 高松藩領内 | 記述無し | | | 自宅<br>床の間有る部屋 | | | 『香川県綜合郷土研究』五五四頁 |
| | 一九七三～七四年（昭和四八・四九）調査 | 香川県長尾町前山地区 | 一の盃：仲人→嫁→仲人→婿→仲人<br>二の盃：仲人→嫁→仲人→婿→仲人<br>三の盃：仲人→嫁→仲人→婿→仲人 | Ⅰ—A | | | | | 「香川県編」『日本民俗調査報告書集成』五五三頁 |
| | 一九七八年（昭和五三）刊 | 山形県米沢 | 婿→嫁→婿 | Ⅱ—B | | | | | 『東北の祝事』二五四頁 |
| | | 金沢旧市内 | 嫁→婿 | Ⅰ—B | | | | | 『北中部の祝事』一〇四頁 |
| | | | 婿→嫁 | | | | | | |
| | | 福井県 | ①婿側の仲人→嫁側の仲人→婿の父→嫁→婿→嫁の母→婿側の仲人<br>②嫁側の仲人→婿側の仲人→嫁の父→婿→嫁側の母→嫁側の仲人 | Ⅰ—A | | | | | 『北中部の祝事』四六頁 |
| | | 岡山県 | 一の盃：仲人→婿→仲人→嫁→仲人<br>二の盃：婿→嫁→仲人 | Ⅱ—A | | | | | 『中国の祝事』二三二頁 |
| | | 香川県 | 仲人→嫁→仲人→婿→仲人 | Ⅰ—A | | | | | 『四国の祝事』八二頁 |
| | | 徳島県海部郡牟岐町 | 小盃：嫁→婿→嫁<br>中盃：婿→嫁→婿<br>大盃：嫁→婿→嫁 | Ⅰ—B | | | | | 『四国の祝事』三七頁 |

| No. | 年 | 地域名 | 夫婦盃の順番 | 夫婦盃タイプ<br>Ⅰは嫁が先<br>Ⅱは婿が先<br>Ⅲは嫁婿同時<br>Aは仲人参加<br>Bは仲人不参加 | 夫婦盃呼称 | 夫婦盃場所 | 肴 | 特徴 | 出典<br>筆者調査 |
|---|---|---|---|---|---|---|---|---|---|
| 2 | 一九三五年頃（昭和一〇） | 高松市内 | 記述無し | | | | | 神前結婚式増える<br>石清尾八幡神社年五〇回内外 | 『香川県綜合郷土研究』五五四頁 |
| 3 | 戦前 | 高松市鬼無町 | 記述無し | | ヒヤサカズキ | 自宅<br>ヒヤ | | | 『笠居郷風土記』 |
| 4 | 一九六四年（昭和三九）調査報告 | 東植田地区 | 記述無し | | ヒヤサカズキ | 自宅<br>ヒヤ | | 盃の度にハサミザカナを渡すまねをする<br>朱塗りの三つ重ね盃 | 『日本民俗調査報告書集成』 |
| 5 | 一九七三・七四年調査報告（昭和四八、九） | | 一の盃<br>仲人→嫁→仲人→婿→仲人<br>二の盃<br>仲人→嫁→仲人→婿→仲人<br>三の盃<br>仲人→嫁→仲人→婿→仲人 | Ⅰ—A | ミョウトサカズキ<br>ヘヤサカズキ | 自宅<br>オク | 黒豆<br>タツクリ<br>昆布 | 肴は渡す真似を、嫁婿もいただく真似をする | 『日本民俗調査報告書集成』 |
| 6 | 一九七七年出版（昭和五二） | 香川県 | 三つ重ねの盃は<br>仲人→嫁→仲人→婿→仲人 | Ⅰ—A | ヘヤノサカズキ | 自宅<br>オクの部屋 | 黒豆<br>タツクリ | 肴は渡す真似を、嫁婿もいただく真似をする | 『四国の祝事』八一・八二頁 |
| 7 | 一九五五〜一九七五年頃（昭和三〇〜五〇） | 高松市 | 一の盃<br>仲人男→婿→嫁→仲人女→仲人男<br>二の盃<br>仲人男→嫁→婿→仲人女→仲人男<br>三の盃<br>仲人男→婿→嫁→仲人女→仲人男 | Ⅱ—A | ヒヤサカズキ | 自宅<br>ヒヤ | 黒豆<br>タツクリ<br>昆布 | 出席者<br>（嫁・婿・仲人夫妻）<br>酌人（料理人・芸者）<br>注ぎ方は一・二回目は音だけで、三回目で注ぐ | 筆者調査<br>（料理人の事例） |
| 8 | 一九六〇年（昭和三五）結婚 | 坂出市 | 上の盃：嫁→婿<br>中の盃：婿→嫁<br>下の盃：嫁→婿 | Ⅰ—B | 女夫盃 | オク | 黒豆<br>イリコ<br>昆布 | 出席者<br>（嫁・婿・仲人夫妻）<br>注ぎ方は一・二回目は音だけで、三回目に注ぐ | 筆者調査 |

| | | | | | | | | | |
|---|---|---|---|---|---|---|---|---|---|
| 9 | 二〇〇一年（平成一三） | 高松市 | 上の盃：婿→嫁 中の盃：嫁→婿 下の盃：婿→嫁 | Ⅱ—B | 夫婦盃 | 神前 | | 神前結婚式 | 筆者調査 |
| 10 | | | 上の盃：婿→嫁 中の盃：嫁→婿 下の盃：婿→嫁 | Ⅱ—B | 夫婦盃 | 婚家の親宅 | 無し | 人前結婚式 | 筆者調査 |
| 11 | | | 上の盃：婿→嫁 中の盃：嫁→婿 | Ⅱ—B | 夫婦盃 | 料亭 | 無し | 仮祝言 | 筆者調査 |

（出典）
1、2は香川県師範学校他編　一九七八『香川県綜合郷土研究』名著出版、復刻版（一九三九年刊）
3は高松市西部民俗調査団編　一九八六『笠居郷風土記』（高松市西部の民俗）高松市歴史民俗協会・高松市文化財保護協会。
4、5は松崎憲三他編　一九九七「四国の民俗　香川県編」『日本民俗調査報告書集成』三一書房。
6は市原輝士　一九七八「香川県」『四国の祝事』明玄書房　八一、八二頁。

## 表6　夫婦盃類型別変遷表（筆者作成）

| 夫婦盃タイプ<br>Ⅰは嫁が先<br>Ⅱは婿が先<br>Ⅲは嫁婿同時<br>Aは仲人参加<br>Bは仲人不参加 | 『風俗画報』<br>明治二七・二九年刊 | 『旅と伝説』<br>昭和八年刊 | 『日本民俗調査報告書集成』<br>（昭和三〇年~四〇年末調査）<br>『北海道の祝事』他全国<br>（大正末期~昭和五〇年代の報告書） | 平成一三年事例<br>人前結婚式<br>仮祝言 | 平成一三年事例<br>神前結婚式 |
|---|---|---|---|---|---|
| Ⅰ | 二（一〇〇%） | 三（六〇%） | 九（五二・九%） | ○ | ○ |
| Ⅱ | ○ | 一（二〇%） | 六（三五・三%） | 五（一〇〇%） | 一〇（一〇〇%） |
| Ⅲ | ○ | 一（二〇%） | 二（一一・八%） | ○ | ○ |
| A | 一（五〇%） | ○ | 四（二三・五%） | ○ | 一（一〇%） |
| B | 一（五〇%） | 五（一〇〇%） | 一三（七六・五%) | 五（一〇〇%） | 九（九〇%） |

## 結びにかえて

管見の及ぶ限りの作法書と民俗調査報告書および筆者の調査からは、自宅結婚式も神前結婚式も「小笠原流」を名乗って独自の礼法を伝授していった水嶋流の影響があったという結論に達した。しかし、礼法家達が水嶋流とは名乗らずに、「小笠原流」を名乗ったのは、『婚礼簡法口伝書』の教授法によるものと考えられる。家元制度というのは、伝授されたものは間違いなく伝授を受けたことで名前を戴き、それを伝えるのであって、そこから変化させたら別の流派を名乗るものである。それを水嶋卜也は、「一〇のうち五は分限に合わせて変えてよい。それが小笠原流である」と主張したため、大名から庶民にまで、また地域のあり方や家の格、財力によって様々に変えられるという教授法が、人々に受容され受け継がれ流布していったのである。しきたりや家風は地域や家の格、経済力によってそれぞれ異なる。それらを全て受容できるという水嶋流の教授法が、世間に広く受け容れられたのである。この分限に合わせて変えてよいという教授法こそが、水嶋流なのである。そうして水嶋流が融通無碍なればこそ、礼法として意味を持たせ、しかも権威を持たせるためには、将軍家でも行なわれている小笠原流を名乗る必要があったのである。この状況を小笠原家では、次のように述べている。[39]

将軍家以外は行なうことを禁じていたし、徳川家もまた封建制度を維持するため、儀式をたいそう複雑にして模倣のできないような様式にそだてていったのである。（中略）諸大名あるいは町方は、その形の模倣をそのままでは禁にふれるので、華美な形に改めて小笠原流結婚式（中略）などとよんで広まっていった。（中略）極端な場合には、自分で勝手にこれが小笠原流なのだと創作して教え出す人まで出たものと思われる。

このように小笠原家からみれば、水嶋流は勝手に創作したものを「小笠原流」と名乗ったふとどきな流派である。なお、先にも述べたように本流の小笠原流では、「法式の基本は変えない」のが特徴であり、そのうえ啓蒙活動も行なわない。また将軍家以外では行なわないため、華美な形に改めて庶民に広まった「小笠原流」の婚姻式は、小笠原家のそれとは全く別のものなのである。

この水嶋流の系統を引く礼法家達は、「簡法」という意味を、その時代の社会情勢に合わせて変えてよいと解釈したからこそ、松岡家では幕末から明治にかけて、それまでの床の間に神を祀らず、夫婦盃の順番も嫁が先の法式から、全く逆の神を祀り婿が先の法式へと変えてしまった。その弟子筋の有住斎・石井泰次郎らも、これこそが正しいと主張し、なおかつ「小笠原流」を名乗ったのである。そして、旧法式との間でそれぞれこちらこそが正しいと力説したため、夫婦盃の順番において嫁が先と婿が先という全く逆の法式が併存するようになったのである。

一方、神前結婚式については、その成立は法学者である細川潤次郎が、水嶋流の松岡明義の夫婦盃の法式を基にしたと考えられるが、明治三二年当時の細川は、水嶋流も松岡明義の名もどこにも出さなかった（第二章でとりあげる。）。

神宮奉斎会が礼法講習会において、細川の提案した『新撰婚礼式』の法式から模擬の神前結婚式を行なった際には、「小笠原流」の名を一切出さず、明治政府が推奨する神前結婚式として世に出たのである。そして、神宮奉斎会の附属となった礼法講習会が全国の本部支部に向けて出張講習も行なっている。明治三六年（一九〇三）記録の『礼法講演録』によれば、群馬県碓氷郡原市町では、この礼法講習会が行なわれている。(40) 地方ではどのような人がそれを受講し、その影響がどのようなものであったのかなど今後の課題としたい。

次に、指南者たちがなぜ水嶋流を受容したのかについて考えてみたい。現代の惣領家流小笠原忠統の門人柴崎直人は、心理学的視点から次のように述べている。[41]

実際の小笠原流は「お止め流」であって、一般庶民が気軽に手習いできるようなものではありえなかった。しかし武士階級に対する憧憬もあり、武士の文化を求める声も出る。そこに目を尽けた市中浪人が小笠原流師範を自称して、町人好みの「亜流礼法」を創作し、さも本物であるかのごとく喧伝した。

柴崎直人の見解は近世の庶民の心情を指摘したものだが、それは近代に入っても変わらなかったのであろう。庶民は上流階層への憧れから「小笠原流」という名の水嶋流の婚姻儀礼を受け容れたのである。また、指南者達がこの法式を採用していった理由については、本章では「小笠原流」を名乗った指南者達に対する聞き取りが不充分なことから、会津の報告からみていくことにしたい。

増田昭子は、「徳川家の礼法であったため『お止め流』として一般に普及させないことが原則で、秘伝とされてきた。しかし、庶民のなかにもその普及がみられ」と述べ、その原因として「小笠原長時が会津藩家中の者にその礼法を伝授したからである」と説明している。[42] 増田は将軍家の本流の小笠原流と、長時・貞慶の家臣が庶民に伝えていった庶流の「小笠原流」を同一のものとしている。確かに長時の子である貞慶は小笠原家の清経家と自分の家臣に伝授しているが、再三述べてきたように小笠原家は近世将軍家以外には指南していないし、法式の基本は変えない教授法を守ってきた。一方、家臣に伝えた水嶋流は分限に合わせて様々に変えていったため、時代を経過していく段階では別のものになったと考え、本書では水嶋流を中心にとり上げた。その相違点を考察することを目的としているので、家臣が伝えていった庶流の「小笠原流」の婚姻儀礼の事例として取り上げる。増田は指南者のユル

シトリから、次のような聞き取りをしている。(43)

その家の格式や生活に応じて儀礼や献立を設定する。（中略）相手のことをわきまえて行なう必要があった。儀礼の場を考え、相手を思いやる儀礼のあり方であったから、「小笠原流」を習うことは、自らの生きる道を諭してもらうためであった。

増田は、「小笠原流」を学ぶことは、人としての教養、生き方を学ぶために習いユルシトリになった、というのである。そして「礼法が作法とともに人間性を育むものであった」と、分析している。

礼法の法式を様々に創作して亜流とまでいわれた水嶋流であるが、会津では相手に合わせて儀式を取り仕切るということになり、指南者であるユルシトリにとっては人間形成につながったというのである。会津の家臣達が伝えていった「小笠原流」も、水嶋流と同様に分限に合わせて変えてよいという柔軟な教授法が影響していったように考えられる。

次に、小笠原流は伊勢流や水嶋流の影響を受けたとの見解を示している江馬務、樋口元巳、陶智子等の説について考えてみたい。

江馬説は近世初期の小笠原流は伊勢流の不備を充足した法式をとり、内向きの礼法も兼務するようになり常軌を逸したというものであるが、近世の小笠原流はお止め流のために将軍家での法式が世に出ることはない。小笠原流の真髄を知っているのはごく限られた人で、世間一般には知られていないはずである。ここでの常軌を逸した小笠原流とは、家臣に伝えられた庶流の「小笠原流」、あるいは分限に合わせて様々に変えていった水嶋流のことを指しているのではないかと考えられる。

次に、樋口元巳と陶智子の水嶋流の法式が小笠原流に取り入れられ生き残っている、という見解について考えてみたい。

現代の作法書とビデオからは、現代の惣領家流の小笠原忠統は水嶋流を取り入れたのではなく、家に伝わる総領家の古文書を基にして独自性を出すために、アレンジした法式を考え出したのであって、水嶋流を取り入れたとはいえない。一方、小笠原流の法式は近世から基本を変えないことから、水嶋流を取り入れて変化させるということはない。これらのことから、婚姻儀礼については小笠原家（小笠原流と現代の惣領家流）の法式において、水嶋流の法式が取り入れられて小笠原流に生き残っているということはないと考えられる。

以上のように、小笠原流は現代においても積極的には啓蒙運動をしないために、一般にはあまり知られていないが、塩月弥栄子著の作法書の内容を時系列でみると、小笠原流の『日本の礼法』の法式を取り入れたと考えられる。しかし、自宅結婚式がほとんど行なわれなくなった現代には影響が少なかった。一般に流布したのは水嶋流の新法式である。現代の若者たちが作法書を基にして考え出した仮祝言の法式も、婚姻式を誘導するブライダル産業の人たちも、神前結婚式の法式から考え出したものといえる。水嶋流の新法式が神前結婚式の創案に関わり、それが普及して現代にも影響しているのである。

研究者たちの間でも、現代の惣領家流も水嶋流流も、本流の小笠原流と混同しているのが現状であるが、その法式は全く別物であることを強調したい。

なお、こうした水嶋流の果たした役割については、次章以降取り上げる。

註

（1）小笠原清信　一九六七『小笠原流』学生社。
（2）柳田國男　一九九八（初出一九三一）「明治大正史　世相篇」『柳田國男全集』五巻　筑摩書房　四九一頁。
（3）江馬務　一九七二『結婚の歴史』雄山閣。
（4）日本風俗史学会編　一九七九『日本風俗史事典』弘文堂。
（5）大間知篤三　一九七九「夫婦盃覚書」『ひだびと』第四巻　歴史図書社。
（6）大間知篤三　一九八五「婚礼」『日本民俗学大系』第四巻　平凡社、宮田登　一九九九『冠婚葬祭』岩波新書。
（7）島田勇雄・樋口元巳校訂　一九九三『大諸礼集　小笠原流礼法伝書』二巻〈東洋文庫〉平凡社。
（8）陶智子　一九九六『江戸のいにしえいしょん』桂書房。
（9）増田昭子・小林めぐみ　二〇〇二「会津地方における小笠原礼法序説」『会津只見の職人巻物』福島県只見町教育委員会。
ユルシトリとは、会津では「小笠原流」礼法を学び、習得すると師匠から巻物が伝授され、祝儀・不祝　儀の儀礼に際してすべての采配をふるう人のことをいい、弟子をとり教えることが出来る。
（10）梅棹忠夫　一九六一「出雲大社」『中央公論』中央公論社。
（11）平井直房　一九九三「神前結婚の源流」『神道と神道教化』神社新報社。
（12）『儀礼』によれば、古代の中国では妻を娶る礼は昏を時期とする。昏礼と名付ける黙である。昏に礼を行なうのは、陽が去って陰がくる陰陽交接の意味とされ、日没後二刻半を昏礼の底区とする。古代中国では婚姻儀礼の儀式は夜行なわれ、日本の儀礼も中国の影響を受けていた。夫婦盃については、「實四爵・合巹」と記されている。爵とは、酒を温めて注ぐ容器のことで、巵とは瓢のことである。一瓢を二つに分け、婿と婦とが、各一つ取って酒を飲むことから特に婚礼のさかずきをいう（池田末利訳注　一九七三「士婚」『儀礼Ⅰ』東海大学出版会）。

(13) 近藤啓吾　一九九一「婚礼に見える『家礼』の影響」『神道史研究』三九巻　第四号　神学史学会。
(14) 柴崎直人　一九九四「『礼法』及びそのコミュニケーション体系の可能性」『川並弘昭先生還暦記念論集』聖徳大学出版会
(15) 伊勢貞丈　一九八五『貞丈雑記』一巻（島田勇雄校注）〈東洋文庫〉平凡社　三頁。
(16) 国史大辞典編集委員会編　一九八〇（初出一九七九）『国史大辞典』吉川弘文館
(17) 伊勢貞丈　一九八五　前掲註（15）書　三〇八頁。
(18) 島田勇雄・樋口元巳校訂　一九九三『大諸礼集　小笠原流礼法伝書』二巻　平凡社。
(19) 小笠原清信　一九六七　前掲註（1）書。
(20) 陶智子　二〇〇三『近世小笠原流礼法家の研究』新典社　六〇頁。
(21) 伊勢貞丈　一九八五　前掲註（15）書　一七頁。
(22) 陶智子　二〇〇三　前掲註（20）書。
(23) 石井家の四代目石井治兵衛（一七四三―一八一一）は、幕府公式行事の料理頭取を務め、文化八年（一八一一）、朝鮮通信使接待のため料理方として対馬に赴き、当地で没した。四條流とは、包丁さばき、盛り付けの優劣が重視された時代には朝廷専属包丁人であった。現在でも包丁式を烏帽子に直垂の古式の儀式を伝承している流派である（川上行藏他監修　一九九〇『日本料理由来事典』同朋舎出版、藤原多喜雄　二〇〇三『日本料理・仕来り大事業実用編』プロスター）。
(24) 島田勇雄・樋口元巳校訂　一九九三　前掲註（7）書。
(25) 伊勢貞丈　一九八五　前掲註（15）書。
(26) 水嶋卜也之成他　一八四七「合盃の部」『婚礼聞書』東京都立中央図書館加賀文庫所蔵。
(27) 小笠原清信　一九八九（初出一九七五）『日本の礼法』講談社　二二八～二三一頁。

(28) 江馬務　一九七一　前註（3）書　三一五頁。
(29) イザナギノミコト・イザナミノミコトの表記は『古事記』と『日本書紀』では異なるが、本書は『古事記』の伊邪那岐命・伊邪那美命を用いる。ただし、引用に際しては原典のとおりとする。
(30) 蓬莱山とは、婚礼や供応などの時の飾り物で、洲が出入りしている海岸の形状を模した州浜台の上に、松、竹、梅などを飾り付け、鶴亀を配し、尉・姥を立たせたものを島台といい、蓬莱山を模したものという（『日本国語大辞典』）。
(31) 三崎一夫他　一九七八『東北の祝事』明玄書房　一四八頁。
(32) 平山敏治朗他編　一九六九「諸国風俗問状・答」『日本庶民生活史料集成』九巻　三一書房。
(33) 司法省編纂　一八八〇『日本民事慣例類集』白東社。
(34) 渡部又太郎編　一八九六『風俗画報』一〇七号　東陽堂　六〜八頁。
(35) 渡部又太郎編　一八九九「日本婚礼式」『風俗画報』二〇七号　東陽堂　二一頁。。
(36) 東京人類学会　一八八六『東京人類学会報告』第二巻　第一〇号　第一書房　五三頁。
(37) 旅と伝説編輯部　一九三三「婚姻習俗号」『旅と伝説』三元社。
(38) 松崎憲三他編　一九九五『日本民俗調査報告書集成』三一書房。
(39) 小笠原清信　一九六七　前掲註（1）書　一四・一五頁。
(40) 佐谷戸斗一郎編　一九〇三『礼法講演録』礼法講習会　中島恵子所蔵。
(41) 柴崎直人　一九九四　前掲註（14）書。
(42) 増田昭子・小林めぐみ　二〇〇二「会津地方における小笠原礼法序説」『会津只見の職人巻物』福島県只見町教育委員会。
(43) 増田昭子　二〇〇三「会津・只見町の小笠原流礼法巻物と民俗」『民具マンスリー』第三六巻七号　神奈川大学日本常民文化研究所。

# 第二章　神前結婚式にみる水嶋流

## はじめに

結婚式をどのような形式で行なうのか。平成一五年（二〇〇三）九月の結婚情報誌『ゼクシィ』によれば、首都圏ではキリスト教式が七八・二％、神前結婚式が一二・九％という結果が出ている。(1)この選択権の多くは女性側にあるといわれ、現在の結婚式場のほとんどがチャペルを備えている。ところが、その二〇年程前の様子を『昭和・平成家庭史年表』の「結婚式に関する調査」からみると、昭和六一年（一九八六）には神前結婚式が八三・八％、家庭結婚式（自宅結婚式）が一・六％となっており、大半の人が神前結婚式を挙げていたのである。(2)

現代の人は神前結婚式というと、厳かさと堅苦しさから、封建時代からの遺物と考える人もいるが、柳田國男が「婚姻の話」（昭和二三年）のなかで「神前結婚など、といふ新案が行われるまで、女夫盃は婚舎に於いて、即ち是から共に暮すべき場所、今ならば聟の家に於いて挙げるのが当然である」(3)と、神前結婚式の歴史は新しく、それまでの自宅で行なわれていた婚姻儀礼とは夫婦盃をする場所も異なり、その法式も新案をとり入れたと指摘している。

昭和三〇年代以降、総合結婚式場が多くでき、婚礼を挙げる場所が家の内から外の施設へと移り、神前結婚式が行なわれるようになる。その後、ますます神前結婚式を挙げる人が増えていくが、民俗学では、これまで神前結婚式の法式に関してはあまり論じられてこなかった。

第一章の「婚姻儀礼にみる水嶋流」では、自宅結婚式と神前結婚式の法式について取り上げた結果、自宅結婚式での夫婦盃の順番は、嫁が先と婿が先の両法式が同時期・同地域に併存していたが、神前結婚式では婿が先の法式をとっていることが分かり、それには、水嶋流の礼法家たちの影響が大きかったことを明らかにした。

本章では神前結婚式において、水嶋流の法式がその創案に影響を与えていった経緯を分析したい。

## 第一節　研究史と課題

神前結婚式の始まりについては、『神道事典』の「神前結婚」の項に、次のように説明している。(4)

神前結婚が広まる直接の契機となったのは明治三十三年（一九〇〇）の皇太子の結婚式である。（中略）三十三年四月に皇室婚嫁令が制定され、五月に皇太子の婚儀が執り行われた。翌三十四年三月三日神宮奉賛会(5)国礼修業部が東京大神宮（通称、日比谷大神宮）において神前模擬結婚式を行った。この式は皇太子の婚礼にならうものであった。同神宮ではその後さらに改善したうえで神前結婚式を一般に広めたという。

神前結婚式の元祖といわれている東京大神宮でも、「皇太子殿下の婚儀後に、俄かに、民間に多大な関心を与え、細川閏《ママ》次郎男の研究発案ともなり、遂に、神宮奉賛会国礼修業部は、これを会事業としてとりあげたのであった」(6)と、その創案となった経緯を説明している。

つまり、神前結婚式は明治三三年五月一〇日に宮中賢所大前に於いて行なわれた皇太子の婚儀に刺激され、後に細川潤次郎（一八三四〜一九二三）によって創案された法式が東京大神宮で行なわれ、それが世に広まったというのが今日の定説となっている。ところが、『明治事物起原』の「神前結婚の始」では、次のように記されている。(7)

東京市内日比谷大神宮拝殿にて結婚式を挙げし始めは、明治三十年七月廿一日、保科保二棟方百世（媒人男爵高木兼寛）渡邉嘉吉観世ゆふ（媒人原亮三郎）の二組の新婚なり、これ其前に、皇太子殿下の御婚儀を始めて賢所にて行はせられしより思ひ付き、高木男の創意に成るものといふ、今日にては大繁昌にて、吉日には一日に三組も五組もあり

これによると、東京大神宮での初めての神前結婚式は、皇太子の婚儀前の明治三〇年に、軍医でもあった医学博士高木兼寛の創意により、すでに行なわれていたのである

神前結婚式の起源と法式についての研究では、梅棹忠夫が、出雲大社の宮司によってキリスト教結婚式をモデルに明治二〇年代に発案されたと述べ、(8)和歌森太郎も神前結婚式のきっかけとしてキリスト教式による結婚式の影響説を主張している。(9)

これに反論した平井直房は、大社教第二代千家尊愛管長が、皇太子の婚儀より以前の明治二四年（一八九一）一一月に、島根県大社町の本祠で神前結婚式を挙げており、皇太子の婚儀に際して初めて儀式化されたものではなく、ましてキリスト教の刺激を受けての創案でもなく、床飾りに伊勢流の影響がみえることからその源流は近世中期まで遡ることが可能としている。(10)

熊倉功夫も、明治一一年に出雲大社の管長千家尊福が出雲大社において自ら神前結婚式を挙げているが、この形

式は同家の記録から江戸時代後期にはすでに行なわれており、国造家の婚礼として広く庶民にまで拡げようとしたものであった、と出雲大社独自の神前結婚式の起源を論じている。(11)

一方、神道史研究者の近藤啓吾は、水嶋流の礼法家である松岡明義が明治一八年（一八八五）に講演した「婚儀式」の法式に注目している。近藤によれば、今日の神前結婚式とは随分と異なっており、松岡家の弟子である有住斎が後に著した『類聚婚礼式』や同じく松岡家から学んだ石井泰次郎の『婚礼千代かゞみ』も、松岡の「婚儀式」と軌を一にしていると、似通った点を挙げている。(12)

以上の研究史を踏まえて、本章では水嶋流の礼法家たちの法式が、神前結婚式の創案に影響を与えたことを分析する。

まず、神宮奉賛会が神前結婚式を創案する以前の神式の婚姻儀礼の報告をみていく。なお、それ以前の事例報告には神式という用語が用いられていることから、本章でも創案される以前を「神式の結婚式」、創案以後を「神前結婚式」と表記するが、いずれも神社で行なう場合も、神社以外の場所へ神官が出向いて行き神を祀って行なうものも含める。

## 第二節　神式の結婚式の起源

神社で行なわれた神式の結婚式の最も古い記録は、明治一一年に出雲大社で管長千家尊福が挙げたものである。梅棹忠夫によれば、これは自宅へ神主が出向いていく「宅行き」とは違い、神社の神前で行なうものであった、と述べている。(13)

それ以前の宅行きの事例では、『日新眞事誌』（明治八年五月二五日付）に次のような投書がある。

岐阜懸下美濃國武儀郡貴船神社氏子關村戸長兼第貳百八十二番神風講社副社長心得山田精一郎氏ノ弟平三郎同懸下厚見郡伊奈波神社氏子今泉村渡邉武八郎ノ三女れんノ両男女既ニ親戚ノ認許ヲ受ケ本年五月二日午後五時精一郎氏ノ宅ニ於テ關村春日神社祠宮跡部眞志雄氏ヲ監婚者トシ五儀畧式婚姻ノ式ニ據リ熙々穆々トシテ合卺ノ禮ヲ修メリ[15]

このように、神式の結婚式は明治八年には行なわれていたが、その背景には、政府が推進した神道国教化政策があった。ただし、この結婚式は神社ではなく神官が婚舎に出向いて行なうというもので、その法式も家格相当な正式なものではなく略式で行なわれていた。[14]

明治一二年にも、新潟県で初めて神式の結婚式が行なわれていた。『郵便報知新聞』（同年五月二日付）には、次のような記事がある。

婚姻の式をば、神崇めに崇めたりし座席上壇の神床に、本居神眞澄里神社を齋き奉り、装束整ひて時刻至るに、（中略）、神座並びに神饌を清む、次に婿婦着座す（男は左女は右）、親戚これを導く、（中略）。神酒を戴かしむ（此時媒人之を扱ふ）。

夫婦盃の酌人は仲立ち人である媒人がしているが、床の間に神を祀っての法式に、「随分共に妙な儀式にあり」

とも記され、神式の結婚式は記者自身にとっても奇妙にしか思えなかったようである。

この三年後には、創案者の一人とされている神宮奉斎会会長の篠田時化雄と、その義兄も神式の結婚式を挙げており、平井直房が次のような報告をしている。(16)

篠田時化雄が明治一五年四月京都の自宅で自分自身の結婚式を、自ら創案した神式によって挙行したという。（中略）それと同様のものが、翌々年十一月に近江膳所の猪狩邸で義兄の挙式にも使われ、（中略）祭神は高皇産霊神・神皇産霊神・天照皇大神・伊邪那岐神・伊邪那美神・産土大神（両家）・氏神大神である。

夫婦盃の順番については分からないが、神社ではなく自宅の床の間に神を祀って行なわれている。しかし、その神は特定していなかった。

このように数は少ないものの、神の前で行なう婚姻儀式は、出雲大社以外でも明治初期には行なわれていた。では、当時の水嶋流の礼法家たちの婚姻式は、どのような法式をとっていたのであろうか。

## 第三節　水嶋流の礼法家たちの法式

有住家は、松岡家の法式の影響を受けているために、江戸末期と明治期では異なる。その相違と松岡家および石井泰次郎の法式からみていこう。なお、石井著の『婚礼千代かゞみ』については、皇太子の婚儀後に出版されているが、先述の近藤説によれば、松岡、有住らの法式と軸を一にしているので取り上げる。

## 一、有住家の法式（江戸末期から明治中期）

有住家は、第一部第一章第一節の水嶋流の礼法家たちの伝授経路で示したように、水嶋流・松岡家の礼法を受け継いでいる。有住家では弘化四年（一八四七）四月一六日、有住松園翁が奥平大膳大夫の姫君相良壹岐と婚姻式を挙げている。これは、当時の水嶋流の法式で行なわれたと考えられる。その際の床飾りと夫婦盃の順番は、次のようなものであった。(17)

＊祝之間床飾
瓶子・置鳥二羽・銚子・奈良蓬莱・敷絹有之・三ツ土器・瓶子・置鯉二本・提子・合盃・雑煮三献・長熨斗三方

＊滴出之
本酌土器三方銚子持之縁女の前江参り二献差上加に立加候而参り一献差上其土器殿の前持参加共三献差上其土器取之元座に着土器組直

＊雑煮出之
本酌土器三方銚子持之殿前江持参り加へ共三献差上縁女江持参加共三献差上元座に着土器組直し

＊吸物出之
本酌土器三方銚子　縁女江持参加共三献差上土差　殿江持参加共三献差上納本酌加勝手入

この法式は、床の間に神を祀ってはいないが、「出待女房(18)新夫婦を誘導し神前へ進出一拝」と記し、この頃の水嶋流では具体的な神ではなく、心では神を祀るという飾り方をして、夫婦盃の順番も嫁が先にとるという水嶋流の旧法式であった。

明治一九年（一八八六）には、有住斎が指南して旧棚倉藩主阿部正功子爵が神式の婚姻式を挙げている。『静岡大務新聞』（同年二月五日付）には、次のように記されている。

その式は同藩の礼家有住斎が、各礼家と謀りて編制したる折衷式を始めて執行したるものにて、イザナギ・イザナミの尊の神壇を設け、これに榊餅、神酒などを供え、神前に於いて新夫婦は誓いを立て、三献の式を行なわれたりと云う。

有住斎は各礼法の折衷式をとり、伊邪那岐命・伊邪那美命を祀っているが、神社で行なわれたものではない。夫婦盃の順番については、三三九度である式三献は行なわれているが、その法式は明らかでない。

その一〇年後、有住斎は『類聚婚礼式』(19)を著している。床飾りについては、夫婦の祖神伊邪那岐命・伊邪那美命の神を勧請して饗膳を供え、その神酒をもって婚姻の式を行ない、奈良蓬莱を床の間に置くのは神に供える道具である、と説明している。夫婦盃の順番については、神の前で契約をする盃であるのに女を客として扱い、女を先にするのは非礼であるから男が先の方が正しいと、婿が先に飲む法式をとり大きく変えてしまった。

水嶋流の特徴である床盃については、水嶋卜也活躍以前には行なわなかったが、卜也活躍以降の水嶋流の旧法式では行なわれていた。それを有住斎は、夫婦の寝室で酒を飲むのは非礼であるから行なわない。さらに、「本式の盃をすみたる後に、また盃をするのは何のために本式の盃をするのか」と、伊勢流にはないことを水嶋が作為し、これにもっとも重きをおいている、と水嶋流を標榜するもののその法式には反論している。

このように、有住家は弘化四年の婚姻式では神を祀る心ではあっても、具体的な神を祀らずに、夫婦盃を飲む順番も嫁が先という水嶋流の旧来からの法式であった。ところが、明治一九年には伊邪那岐命・伊邪那美命を祀るようになり、さらに明治二九年には、夫婦盃の順番についても婿が先に飲む法式をとり、床盃も行なわないなど、それまでとは全く逆の法式へと変化させてしまったのである。この法式を世間に広めるため、有住斎は雑誌『風俗画報』にも寄稿している。

これには、次に述べる松岡明義の講演「婚儀式」の影響が考えられる。

## 二、松岡明義の法式

近世後期から水嶋流の礼法家として活躍した松岡家は、松岡流を創始した松岡辰方が伊勢流を取り入れた新法式を編み出し、当時の礼法の権威と目され基準とされた。三代目当主明義は、帝国大学古典科講師であり、新政府の神祇官として明治一八年五月二二日、整礼会の礼式実習の会において「婚儀式」を講演している。原本の「婚儀式」は無窮会図書館所蔵となっているが、確認できなかったので、近藤啓吾の論文から引用する。式次第は次のようなものであった。(20)

「第二次大会礼式演習次第」

○婚儀式　立礼

先ツ神座ヲ設ケ、幣帛神饌ヲ供ス。今度此式ヲ略ス時刻、嫁ノ尊長、嫁ヲ導テ祝席ノ床ニ着ク。

介添ノ老女先導シ、待女随従ス、着床畢テ待女退入ル
次、壻ノ尊長　今度此式ヲ略ス　婿ヲ引テ出席ス。嫁起床迎ヘ出テ一礼。各床ノ前ニ立チ、一同祝礼シテ着床ス。

次、尊長起床、壻嫁ヲ引テ共ニ神座ノ前ニ進ミ、壻嫁先ツ拍手再拝。次、誓神契約、又再拝。畢テ各元ノ床ニ着ク
今度壻嫁ノ代幼女タルニ依テ誓約ノ儀ヲ略シ、只一拝スルノミ
次、箸初ノ台ヲ壻ノ前ニ持出ス。壻方ノ老女進出テ、箸ヲ取リ挟ミ進ラス。畢テ嫁ニ進ム。次第同前。箸初ノ台持入ル。

次、嫁持参ノ品物ヲ持出ス。嫁方ノ老女起床受取リ、壻ノ前ニ進ミ、披露。壻起立謝礼、嫁起立答礼。畢テ持入ル。

次、酌者二人出テ神座ノ前ニ進ム。両老女起床、同ク進出テ神酒ヲ酌者持出タル瓶子ニ加ヘテ退ク。酌者下座ニ退テ着床ス。

次、饌ノ案ヲ壻嫁ニ前ム。

次、初献ノ饌ヲ供ス。

次、酒盞台ヲ婿ノ前ニ進ム。

次、壻方ノ酌者、婿ノ前ニ進出テ、三献盛リ、下座ニ退ク。

次、壻方ノ老女進出テ、酒盞ノ台ヲ嫁ノ案上ニ進ム。

次、嫁方ノ酌者、嫁ノ前ニ進出テ、三献盛リ、下座ニ退ク。

次、初献ノ饌ヲ徹シ、二献ノ饌ヲ供ス。
次、嫁ノ老女進出テ、三ツ盃ヲ組直シ、第二ノ盞ヲ上ニ出シテ退ク。
次、嫁方ノ酌者進出テ、三献盛リ退ク。
次、嫁ノ老女進出テ、酒盞ノ台ヲ壻ノ案上ニ進ム。
次、壻方ノ酌者進出テ、三献盛リ退ク。
次、二献ノ饌ヲ撤シ、三献ノ饌ヲ供ス。
次、壻ノ老女進出テ、酒盞ヲ組直シ、第三ノ盞ヲ上ニ出シテ退ク。
次、壻方ノ酌者進出テ、三献盛リ退ク。
次、壻ノ老女、酒盞ノ台ヲ嫁ノ案上ニ進ム。
次、嫁方ノ酌者進出テ、三献盛リ、下座ニ退キ、両酌者一同ニ退入ル。
次、酒盞台撤ス。
次、三献ノ饌ヲ撤ス。
次、案ヲ撤ス。
次、嫁へ増進ノ衣装ヲ披露ス。其次第、嫁持参ノ品物披露ニ進ス。
次、両女起床、下座へ退キ、祝言ヲ申ス。尊長・壻嫁起床祝礼。壻ノ尊長・壻退座。
次、待女出テ下座ニ列ス。嫁ノ尊長・嫁起座。老女先導、待女隋従シテ別室ニ入ル。

以上のような法式から、近藤はその特徴を三点挙げている。一点目は、式場に神座を設けるが、それは自家の座敷であって、神社や結婚式場ではない。二点目は、式には父母兄弟親族、仲人は列席しない。三点目は、式の進行を助けるものは、双方の尊者・待上臈（待女郎、待女房とも）とも呼ばれる婿方の心得のある婦人、侍女、酌人などが出席して、その人々が定められた任に当たり、式の主体はあくまで嫁婿の二人である、と現在の神前結婚式とは異なる点を挙げている。

夫婦盃の順番については、婚礼は男子の家で行なうので男子が主人となるから男子が初めに飲むのが適当であると、一の盃は婿から嫁に、二の盃は嫁から婿に、三の盃は婿から嫁の順に納めるという、婿が先に飲む法式をとっている。

## 三、石井泰次郎の法式

神前結婚式が創案された頃に、石井泰次郎は『婚礼千代かゞみ』（明治三五年刊）を著している。そのなかで、先の松岡家を水嶋流の系統を引く礼節家家元正統と位置付け、伝統の正しい礼式を理解しやすいものにして著わした、と松岡以外の礼法家たちを否定した。

夫婦盃の順番については、本式には嫁が先であるが、これは用いられないとして、上の盃は婿から嫁に、中の盃は嫁から婿へ、下の盃は婿から嫁への順に飲み、肴はあるが食べない。本式には盃のとり交わしをせずに、銘々盃にする。床飾りは白絹を張って神床にしつらえ、四方衝重《しほうついがさね》[21]を置き、鏡餅の左右に蝶花形の口包みをした瓶子一対、左右に雉と鯉を置く。神前ではあるが褥を用いて座礼で行なう。仲人については、近世の夫婦盃には仲人は必要でなかったが、一般には用いていると仲人が参加する法式をとった。[22]

以上のようなことから、松岡家では幕末期頃に伊勢流を取り入れ、神を祀り、明治期になると、さらに夫婦盃の順番も婿が先に飲むというように変化させている。松岡家の礼法の伝授を受けた有住斎も、それまでの神を祀らず、夫婦盃の順番も嫁が先の法式から、神を祀り婿が先に飲む法式へと変化させてしまったのである。

水嶋流の礼法家たち松岡明義、有住斎、石井泰次郎の三者の特徴を挙げると、いずれも神社ではなく自宅の床の間に神を祀って行なうというものであった。また、有住と石井の法式は座礼であったが、松岡明義は立礼で行なっている。夫婦盃には、松岡は仲人が参加しない法式であったが、石井は、仲人が参加する法式をとっている。

このように、石井の『婚礼千代かゞみ』は、東京大神宮が神前結婚式の発案者としている細川潤次郎の『新撰婚礼式』の後に著しているが、当時の主流であった水嶋流の松岡明義や有住斎の法式の影響が考えられる。

## 第四節　神前結婚式の法式

### 一、『新撰婚礼式』の法式

著者細川潤次郎（一八四二～一九二三）は、礼法家ではなく法学者である。序では、「本邦上古より近世に至るまでの婚姻の法式を、子細に調査し且つ現今の習俗、社会貧富の程度如何をも観察せられ、爰に新撰婚礼式といへるものを著し、己れに示して宣ふ様礼を制する」と、近世・近代までの民間で行なわれていた法式を取り入れたと述べ、皇太子の婚儀には触れていない。

夫婦盃については、嫁・婿・待女郎・媒介人夫婦が出席している。飲む順番については、婚礼はたいてい男子の家にて行なうものなので男子が主人となるから、男子が初めに飲むことが適当であると、次のように説明している。(23)

新夫の土器を執るを見て酒を注ぐ新夫飲み畢りて又注ぐ又飲み畢りて又注ぐ、又飲畢りて土器を置く是に至りて新夫一枚の土器にて三度飲畢れり酌人注酒器を下座に移し三方を新婦の前に置く酌人酒を注ぎ新婦飲む此の如くすること三度其の土器を下に移し第二の土器を執る酌人酒を注ぎ新婦飲む此の如くすること三度にして土器を置く酌人注酒器を下座に移し三方を捧げて之れを新夫の前に置く新夫其の土器を執る酌人酒を注ぐ新夫飲む此の如くすること三度其の土器を下に移し第三の土器を執り飲むこと三度にして土器を置く

夫婦盃の順番については、婿が先に執り、嫁婿同じ盃で執り交わす。床飾りについては、自家の床の間に神座を設け、高砂のような目出度い掛け軸を掛けるか、伊邪那岐命・伊邪那美命、あるいは常に信じる神、産土神と鏡餅一重ねと瓶子を飾る。肴は、口〆の昆布、鯣を細く切った肴を盛った三方を準備してはいるが取らない。略式の場合でも、三方に盃と肴を載せているが肴は取らない、などの法式である。

## 二、『新撰婚礼式』の模擬結婚式

細川潤次郎は、当時校長をしていた華族女学校の学生をモデルにして、模擬結婚式を行なっている。特徴的なことは四点挙げられる。一点目は、夫婦盃の出席者は婿と嫁と婿付媒介人、嫁付媒介人である。二点目は、床の間には伊邪那岐・伊邪那美と書いた軸と神酒神饌昆布を供えている。三点目は、夫婦盃の順番は一の盃は婿から嫁へ、二の盃も婿から嫁へ、三の盃も婿から嫁の順となり、一の盃も二の盃も三の盃もすべて婿が先に盃をとっている。四点目は、肴は出すが口にしないなどである。そして、医学博士の高木兼寛は衛生面から同じ盃で飲むという献酬を廃止して、ひとりひとりの銘々盃を勧めている。

なお、この模擬結婚式には、『新撰婚礼式』に賛同した神宮奉斎会も出席している。(24)

## 三、東京大神宮の法式（神宮奉斎会の予行）

先述の研究史で述べた神宮奉賛会（明治三二年神宮奉斎会に改組）は、明治三四年三月三日に東京大神宮において神前結婚式の予行を行なっている。細川潤次郎を発案者として、神宮奉斎会の創定により古式に於いては先ず嫁から盃を始めていたものを、婿より始めることとしたと説明が加えられている。水嶋流も古くは嫁が先であったが、明治初期頃からは婿が先となっていることからも、この流派の影響が窺える記述である。夫婦盃の順番については、東京大神宮では「神前結婚式の始」の項で次のように報告している。(25)

> 新夫土器を執って三度これを受く。これより新婦の前に三方を置く。酌人新婦に土器を捧ぐ。新婦三度これを受けて後、其の土器を下に移し、第二、第三の土器にて、新夫から新婦に及ぶ。

『新撰婚礼式』では水嶋流の法式と同じように、夫婦盃の順番は一の盃と三の盃は婿が先にとり、二の盃だけは嫁が先であった。ところが、その模擬結婚式と東京大神宮で行なわれた神宮奉斎会の予行では、全ての盃を婿が先に執っている。また、松岡は夫婦盃に親・仲人の列席がない法式であったが、他の水嶋流の礼法家や細川潤次郎の法式は媒介人、所謂仲人も参加する法式であった。

では、発案のきっかけとされた皇太子の婚儀の法式とは、一体どのようなものであろうか。ちなみに、それまで皇室には正式の婚姻式はなく、明治二四年（一八九一）二月に閑院宮《かんいんのみや》載仁親王《ことひとしんのう》と公爵三条公美の姉千恵子は洋風で挙げている（『時事新報』同年一二月一三日付）。

## 四、皇太子（後の大正天皇）の婚姻式

皇太子の婚儀前の明治三三年（一九〇〇）五月一〇日の官報、「東宮御婚礼当日御祭典竝御式次第」（同年五月三日付）では夫婦盃と床飾りについては次のように記されている。

午前六時　御殿ノ御装飾　奉仕
（略）
次　神饌及御幣物ヲ供ス
此間発楽
次　掌典長祝詞ヲ発ス
（略）
次　皇太子　同妃両殿下　賢所御拝御玉串ヲ奉ラル
次　皇太子殿下御告文ヲ発セラル
次　皇太子　同妃両殿下神酒御拝受ノ儀アリ訖テ御拝

夫婦盃の法式の詳細が不明のため、平井の記した「賢所大前ノ儀」の式次第と説明を引用する。(26)

次ニ掌典神盃ヲ皇太子ニ献ス掌典長御瓶子ヲ執ル皇太子神盃ヲ掌典ニ授ク
次ニ掌典神盃ヲ皇太子妃ニ献ス掌典長御瓶子ヲ執ル皇太子妃神盃ヲ掌典ニ授ク
次ニ皇太子・皇太子妃拝礼（後略）

この法式については、元宮内省掌典の八束清貫が「神座に向かって右が皇太子、左が皇太子妃である。拝戴は先ず掌典が、皇太子の御前に神盃の土器一個を載せた三方をおき、その土器を皇太子に献ずると、掌典長が神酒を入れた土器の瓶子（撤下の供神物）を執って酌をする。皇太子はこれを拝戴されて、土器を掌典に返される。次に掌典が別の土器の三方を皇太子妃の御前に献じ、掌典長が同様に神酒を進める。（中略）宮中ではまた、いわゆる三三九度といった盃事は一切なさらないようだ」[27]と、報告している。

床飾りについては詳細には分からないが、夫婦盃の順番については、掌典長が皇太子と皇太子妃に神酒の酌をしている。しかし、二人が同じ盃で飲み執り交わすという三三九度ではなく、それぞれが別の盃で飲み、それも一回で終わっている。

また、肴の記述もないことから細川の『新撰婚礼式』や、その模擬結婚式などとは随分と異なっていた。

## 五、神宮奉斎会の神前結婚式

皇太子の婚儀後に行なわれた神前結婚式の報告をみてみよう。

（1）『報知新聞』

明治三五年（一九〇二）九月二四日付によると、医学博士高木兼寛夫妻が仲人である媒介人となって、高島ドクトルと仙台の豪商金須松三郎の娘が神前結婚式を挙げている。出席者は嫁婿両家親戚一同式場に参列しているが、夫婦盃の順番など詳細なことは記されていない。[28]

（2）『風俗画報』

明治三八年（一九〇五）付の記事によると、神宮奉斎会の事務所の二階において、寺島誠一郎伯爵と三井家の令嬢京子との婚儀が行なわれている。式次第のなかの夫婦盃については、次のようなものであった。[29]

　婿は右側に拝殿を右にして座し、嫁はその反対に婿に相対して座する。両家の親戚は一同拝殿の正面に居並ぶ。媒酌人代理が誓詞奉読し、酌人（神官）が神酒を銚子に移して先ず、誠一郎氏に侑め、次に京子に侑めて、後盃台を誠一郎氏の前に置く。次に第一献は誠一郎氏第一盃を挙げて京子に侑め、京子飲みて之を納む、第二献は京子より始めて誠一郎氏に侑め誠一郎氏之を納む、第三献は誠一郎氏始めに一献の如くなし、畢つて新夫婦共に神前に進み出て拝禮退下し。

嫁と婿の二人は相対して座り、両家の親戚が一同に参列している。夫婦盃は嫁婿が同じ盃で執り交わし、順番は婿が先に執るという三三九度が行なわれている。

このように、神宮奉斎会の予行では夫婦盃は全て婿が先にとるという法式であったが、後に、実際行なわれた法式では一献目は婿が先、二献目は嫁が先、三献目は婿が先という水嶋流の法式を採用したのである。

（3）『東京朝日新聞』

明治四一年（一九〇八）一二月一一日付にも、次のような記事がある。(30)

日比谷の太《ママ》神宮始め神田明神、日枝神社、出雲大社支社、其の他各神社等に神前結婚を行なう者益々多くなって来た。（中略）此の方法の元祖というべき日比谷の太神宮即ち神宮奉斎会に於いて聞くに同会は明治三四年始めて政府の許可を得て婚礼式の依頼に応ずる事になった其式は畏けれど皇太子殿下御慶事の御式に則り夫に古典を参酌して定めたもので、（中略）、婿は式場の右方、嫁は左方に相対し着席する。

配膳の後、盃台を新郎の前に据ゑ神酒を受く、即ち婿第一献を挙げて飲み、之を嫁に与ふ、嫁受けて飲み婿に進む、婿また受けて飲み嫁に授く是にて第三献を了り盃を納め云々。

先の（2）『風俗画報』と同じ法式でもって掲載されている。

これらの記事によると、皇太子の婚姻儀式以前に神前結婚式の基となる法式はすでにあったが、神宮奉斎会は皇太子の婚儀以降に、その儀式を参考にして神前結婚式が創案されて行なわれるようになった、と主張している。しかし、その法式については、先にも述べたように、皇太子の婚儀では嫁婿の二人が同じ盃で執り交わす三三九度は行なわれていないが、ここでは水嶋流の同じ盃で執り交わすという法式で行なわれており、皇太子の法式を模倣したものではないことは明らかである。

式場の形式については、松岡明義以外の水嶋流の有住斎や石井泰次郎、および細川潤次郎の法式は座礼であったが、その後の実際に行なわれた神前結婚式では、軍人が軍服やフロックコートを着用することから、立って行なう立礼式となっている。服装からも当初の神前結婚式は、軍人や上流階層の人たちが行なっていたことが分かる。

## 六、現代の明治記念館の神前結婚式

昭和二二年（一九四七）の開館以来、多くの人が利用している明治記念館の法式の夫婦盃は、次のようになっている。[31]

神前結婚式次第：結盞ノ儀
一献新郎第一盃を挙ゲ飲ミ了リテ新婦ニ進ム、新婦飲ミテ盃ヲ納ム
二献新婦第二盃を挙ゲ飲ミ了リテ新郎ニ進ム、新郎飲ミテ盃ヲ納ム
三献新郎第三盃を挙ゲ飲ミ了リテ新婦ニ進ム、新婦飲ミテ盃ヲ納ム

戦後から行なわれるようになった明治記念館の法式でも、夫婦盃は三枚の盃を用い、二人が同じ盃を用いて婿が先に飲むという三三九度が行なわれている。その説明にも「古くは嫁が先であったが、江戸時代から婿が先になった」と、創案された頃の水嶋流の影響が示唆された記述である。このように、水嶋流の法式を基にしてできた神前結婚式は現在も継承されているのである（表7参照）。

**表7　神前結婚式変遷表（筆者作成）**

| No. | 年代 | 指導者 | 水嶋流○ | 場所 | 床飾り | 神 有○ 無× | 夫婦盃 | 男先○ 女先× | 座位置 | 肴 | 特徴 | 出典 |
|---|---|---|---|---|---|---|---|---|---|---|---|---|
| 1 | 一八四七年（弘化四） | 有住松園翁 | ○ | 自家 | 神前<br>瓶子・置鳥・銚子<br>奈良蓬莱・置鯉<br>三ツ土器・提子 | ○ | 相盃之式<br>嫁→婿<br>婿→嫁<br>嫁→婿<br>色直しの式<br>婿→嫁 | × ○ | 床の方から見て<br>婿：左<br>嫁：右 | 雑煮<br>吸い物 | 大名の婚儀<br>褥を敷く | 『風俗画報』一〇七号　一三―一六頁 |
| 2 | 一八七五年（明治八） | 春日神社祠官 | | 自家 | 神床 | ○ | 合盃有り | ○ | | | 五儀略式 | 『明治事物起源』七二頁 |
| 3 | 一八七八年（明治一一） | 出雲大社 | | 出雲大社 | 神前 | ○ | | ○ | | | 千家尊福婚儀（出雲大社宮司） | 『文化としてのマナー』二三五・二三六頁 |
| 4 | 一八七九年（明治一二） | 本居神真澄里神社 | | 自家 | 床の間に産土神の掛け軸 | ○ | 盃事有り | ○ | 男左女右 | 無し | 新潟県初 | 『郵便報知新聞』明治一二年五月二日付 |
| 5 | 一八八二年（明治一五） | 篠田時化雄 | | 自家 | 神床 | | 盃事有り | ○ | | | 神前結婚式創案者の篠田自身の婚儀 | 『神前結婚の源流』一三二頁 |
| 6 | 一八八四年（明治一七） | 篠田時化雄 | | 自家 | 高皇産霊神・神皇産霊神<br>天照皇大神・伊邪那岐神<br>伊邪那美神・産土大神（両家）<br>氏神大神 | | 盃事有り | ○ | | | 篠田の義兄の婚儀 | 『神前結婚の源流』一三二・一三三頁 |
| 7 | 一八八五年（明治一八） | 松岡明義 | ○ | 自家 | 床の間に神座 | ○ | 一の盃：婿→嫁<br>二の盃：嫁→婿<br>三の盃：婿→嫁 | ○ | | 有り | 講義<br>嫁婿のみで盃<br>親・仲人列席無し | 『玉簏』 |
| 8 | 一八八六年（明治一九）二月三日 | 有住斎 | ○ | 自家 | 伊邪那岐命・伊邪那美命<br>榊餅・神酒 | ○ | 三献の式 | ○ | | | 旧棚倉藩主家婚儀 | 『静岡大務新聞』明治一九年二月五日付 |
| 9 | 一八九六年（明治二九） | 有住斎 | ○ | 自家 | 伊邪那岐命・伊邪那美命<br>奈良蓬莱<br>（神に供える道具） | ○ | 男先が正しい | ○ | 婿右客位上座<br>嫁左主位下座 | 有り | 床盃否定 | 『類聚婚禮式』 |

| No. | 年代 | 指導者 | 水嶋流○ | 場所 | 床飾り | 神 有○ 無× | 夫婦盃 | 男先○ 女先× | 座位置 | 肴 | 特徴 | 出典 |
|---|---|---|---|---|---|---|---|---|---|---|---|---|
| 10 | 一八九七年（明治三〇）七月二一日 | 高木兼寛 | ○ | 東京大神宮 | 神前 | ○ | | | | | 神前結婚推進者 高木兼寛媒介人 | 『明治事物起源』七三頁 |
| 11 | 一八九九年（明治三二） | 細川潤次郎 | ○ | 自家 | 床の間に神座 伊邪那岐命・伊邪那美命 うぶすな神 二重折・置鯉・置鳥・瓶子 | ○ | 一の盃：婿婿婿→嫁嫁嫁 二の盃：嫁嫁嫁→婿婿婿 三の盃：婿婿婿→嫁嫁嫁 | ○ | | 昆布 スルメ 肴取らない | ・出席者 嫁婿・待ち女郎 媒介人夫婦 | 『新撰婚礼式』 |
| 12 | 一九〇〇年（明治三三）五月一〇日 | 伊藤博文策定 | | 宮中 三殿賢所 | 神前 | ○ | 神酒を飲むが、民間の三三九度とは異なる | ○ | 神座に向かって 皇太子右 皇太子妃左 | 無し | 皇太子殿下婚儀 | 「神前結婚の源流」一四〇頁 |
| 13 | 一九〇〇年（明治三三）一一月 | 西川忠亮 | ○ | 自家 | 神の掛け軸 伊邪那岐命・伊邪那美命 | ○ | 盃事有り | | | | 馬場啓次郎の婚儀（細川に賛同） | 『近代庶民生活誌』九巻、六四頁 |
| 14 | 一九〇〇年（明治三三）一一月三日 | 細川潤次郎 | ○ | 自家 | 伊邪那岐命・伊邪那美命 神酒・神饌・昆布 | ○ | 一の盃：婿→嫁 二の盃：婿→嫁 三の盃：婿→嫁 | ○ | 左婿 右嫁 | 肴出すが口にしない | 11の模擬結婚式 銘々盃（献酬廃止） 嫁婿媒介人夫婦 | 『近代庶民生活誌』九巻、六五頁 |
| 15 | 一九〇一年（明治三四）三月三日 | 神宮奉斎会 | ○ | 神前 | 伊邪那岐命・伊邪那美命 神酒・神饌 | ○ | 一の盃：婿婿婿→嫁嫁嫁 二の盃：婿婿婿→嫁嫁嫁 三の盃：婿婿婿→嫁嫁嫁 | ○ | 床の方から 左婿 右嫁 | 口〆有り | 模擬結婚式 媒介人出席 蝶花形膳部無し | 『東京大神宮沿革史』一六六・一六七頁 |
| 16 | 一九〇二年（明治三五） | 石井泰次郎 | ○ | 自家 | 神床 四方衝重ね・鏡餅 瓶子・雉・鯉 | ○ | 上の盃：婿→嫁 中の盃：嫁→婿 下の盃：婿→嫁 ＊本式には嫁が先 ＊色直しは婿が先 | ○ | ＊婿 客位床有る方 ＊嫁 主位棚有る方 | 肴有るが食べない | 神前で褥を敷く 銘々盃 仲人参加 | 『婚礼千代かゞみ』 |
| 17 | 一九〇二年（明治三五）九月二一日 | 杉田幸五郎 | | 自家 | 神床 | ○ | 結び盃 | | | スルメ 昆布 勝栗 | 神前結婚推進者 高木兼寛媒介人 親・仲人両家出席 立礼にて三〇分 | 『報知新聞』一九〇二年九月二四日付 |
| 18 | 一九〇五年（明治三八）三月二一日 | 神宮奉斎会 | ○ | 神宮奉斎会 | 神前 | ○ | 一の盃：婿→嫁 二の盃：嫁→婿 三の盃：婿→嫁 | ○ | 拝殿に向かって 右に婿 左に嫁 | 肴無し | 伯爵家と三井家 | 『風俗画報』三三四号一一・一二頁 |

| | | | | | | | | | | | | |
|---|---|---|---|---|---|---|---|---|---|---|---|---|
| 19 | 一九〇八年（明治四一） | 日比谷太神宮（神宮奉斎会） | ○ | 神社 | 伊邪那岐命・伊邪那美命 神酒・神饌 | ○ | 婿→嫁→婿→嫁 | ○ | 式場の右に婿 左に嫁 | 配膳有り | 神田明神 日枝神社 出雲大社 | 『東京朝日新聞』一九〇八年一二月一一日付 |
| 20 | 一九〇九年（明治四二） | 永嶋式婚礼会 永嶋藤三郎（水嶋流） | ○ | 自宅 出張して行う | 伊邪那岐命・伊邪那美命 蓬莱・神酒・山のもの 海のもの | ○ | 婿が先 最後が媒酌人 | ○ | 嫁・婿 媒酌人 | ― | 帝国ホテルで挙式 東京會舘 華族会館 | 『帝国ホテル百年誌』 『近代庶民生活誌』 |
| 21 | 一九四七年（昭和二二） | 明治記念館 | ○ | 明治記念館 | ・祭神 明治天皇 昭憲皇太后 | | 一の盃：婿→嫁 二の盃：嫁→婿 三の盃：婿→嫁 | ○ | 嫁・婿 巫女二人 | ― | 明治記念館 | 『明治記念館五十年誌』 |
| 22 | | 基本形式の神前結婚式（神社本庁推薦） | ○ | | ・祭神 伊邪那岐命 伊邪那美命 | | 一の盃：婿→嫁→婿→男仲人 二の盃：嫁→婿→嫁→女仲人 三の盃：婿→嫁→婿→男仲人 | ○ | 嫁・婿・両親 親類 仲人参加 | ― | | ビデオ |
| 23 | | 新しい神前結婚式（神社本庁推薦） | ○ | | ・祭神 伊邪那岐命 伊邪那美命 | | 一の盃：婿→嫁 二の盃：嫁→婿 三の盃：婿→嫁 | ○ | 嫁・婿 両親・親類 友人・知人 | ― | | ビデオ |
| 24 | | 宴会場内神前結婚式（神社本庁推薦） | ○ | | ・祭神 伊邪那岐命 伊邪那美命 | | 一の盃：婿→嫁 二の盃：嫁→婿 三の盃：婿→嫁 | ○ | 嫁・婿 両親・親類 友人・知人 | ― | | ビデオ |
| 25 | 二〇〇三年（平成一五） | 全日空ホテルクレメント高松 神前結婚式 生六宮（伊勢神宮系） | ○ | | ・祭神 伊邪那岐命 伊邪那美命 | | 一の盃：婿→嫁 二の盃：嫁→婿 三の盃：婿→嫁 | ○ | 嫁・婿 両親・親類 友人・知人 | 有 | 肴口にしない | 筆者調査 |

## 結びにかえて

神前結婚式は、その発案者の細川潤次郎は皇太子の法式を模倣したのではなく、当時の水嶋流の法式を参考にして作り出したものと考えられる。それを神宮奉賛会が取り入れて神前結婚式が出来上がったのである。この発案された頃の社会情勢をみていくと、明治三三年頃というのは日清戦争（一八九四・九五）を経て、徴兵制が国民に受容され、さらなる軍備拡張のための殖産興業の拡大、そして日露戦争（一九〇四・〇五年）へ突入するという時代であった。

そのような時代にあって、神宮奉斎会は、政府の神道国教化政策による国家の宗祀としての神道と天皇を結びつけるために、皇太子の婚儀を利用したのであろう。そのような意図があったが故に、『東京大神宮沿革史』や『明治事物起源』では、皇太子の婚儀以前からあった神式の結婚式が、その影響を受けて発案されたというような時系列的に矛盾する記述となり、当時の新聞も法式に相違があるにもかかわらず、「皇太子殿下御慶事の御式に則り」というような記事になったのであろう。皇太子の婚儀が神前結婚式の広まる契機となったことには間違いないことから、現在に至るまで、それが不自然とは受け止められなかったのではなかろうか。ただし、当初は軍人や上級階層の人々が挙げるものに過ぎなかった。

その後の普及については、穂積恵子が「国家神道の側でも神前結婚式は天皇と神社と国民を結び付ける上で大きな効果をもたらすことから、明治三九年（一九〇六）には一町村一社を標準とする神社合祀運動を繰り広げるなかで、日常の儀礼、冠婚葬祭を神社で行なうよう民衆に習慣づけようとした。当時の『神社協会雑誌』をみると、最初は夫婦になった者は神社に参拝せよという指示から、徐々に式全体を神社で行なうよう指示に変わっていくことがわかる」[32]と指摘している。このように水嶋流の新法式を基にして出来た神前結婚式は、改良を重ねながら現在も継承されているのである。

註

(1) 二〇〇三『ゼクシィ』九月　リクルート。
(2) 下川耿史編　二〇〇一『増補版昭和・平成家庭史年表』河出書房新社。
(3) 柳田國男　一九九九「婚姻の話」『柳田國男全集』一七巻（一九四八　岩波書店所収）筑摩書房　六二二頁。
(4) 國學院大學日本文化研究所編　一九九四『神道事典』弘文堂。
(5) 神宮奉賛会とは、神社の維持、造営や教化活動の実践のために組織された氏子、崇敬者、信奉者などにより構成された崇敬会と同様のもので、明治一五年（一八八二）教派神道の一派となった（國學院大學日本文化研究所編一九九四　前掲註（4）書）。一方、神宮奉斎会とは伊勢神宮崇敬の奉賛団体。明治三二年（一八九九）九月財団法人神宮奉斎会として改組。はじめ東京日比谷に、のちに同飯田町に神宮崇敬の奉賛団体として発足した。第二次世界大戦終戦により神社本庁を設立した（橋本政宣他編　二〇〇四『神道史大辞典』吉川弘文館）。
(6) 岡田米夫編　一九六〇『東京大神宮沿革史』東京大神宮　一六七頁。
(7) 石井研堂　一九四四『増補改訂　明治事物起原』上巻　春陽堂　七三頁。
(8) 梅棹忠夫　一九六一「出雲大社――日本探検7」『中央公論』1月号中央公論社
(9) 和歌森太郎・玉枝　一九七二『結婚入門』実業之日本社　一〇〇頁。
(10) 平井直房　二〇〇〇「神前結婚の源流」『神道と神道教化』（初出一九九三）神社新報社　一〇九～一四八頁。
(11) 熊倉功夫　一九九九『文化としてのマナー』岩波書店　二三五～二三六頁。

(12) 近藤啓吾　一九九一「婚礼に見える『家例』の影響」『神道史研究』三九巻　第4号、神学史学会。
(13) 梅棹忠夫　一九六一　前掲註（8）書。
(14) 五儀とは公爵・侯爵・伯爵・子爵・男爵の五等の爵をいう。
(15) 卺とは、瓢《ふくべ》を両分した杯のことをいい、合卺《ごうきん》とは、昔、中国で新郎新婦が各々その一つをとって祝酒をくみ、契りを結んだところから夫婦の縁を結ぶことをいう（小川環樹他編　二〇〇九（初出一九六八）角川新字源改訂版）角川学芸出版）。
(16) 平井直房　二〇〇〇　前掲註（10）書　一三二・一三三頁。
(17)『風俗画報』一八九六　一〇七号　東陽堂　一四・一五頁。
(18) 待女房とは、嫁入りの際、花嫁の介添えをする女性で、盃事や披露の場に列席して花嫁の世話をする人のことをいう。待女郎ともいう。
(19) 有住斎　一九〇一（初出一八九六）『類聚婚礼式』東陽堂。
(20) 近藤啓吾　一九九一　前掲註（12）書。
(21) 四方衝重とは、儀式用の食器の台で、四方に大きく格狭間《こうざま》（上部は火灯形で、下部は椀形の曲線からなる装飾的な刳くり形）を透かした台に折敷を重ねたもの。食物をのせたり、神供をのせる儀式の具として用いる。台の三方に穴をあけたものを三方、四方に穴をあけたものを四方という（『日本国語大辞典』）。
(22) 石井泰次郎　一九〇二『婚礼千代かゞみ』嵩山房。
(23) 細川潤次郎　一八九九『新撰婚礼式』西川忠亮　日本学士院所蔵。
(24) 南博編　一九八六『近代庶民生活誌』第九巻　三一書房　七五～八六頁。
(25) 岡田米夫編　一九六〇『東京大神宮沿革史』東京大神宮　一六七頁。
(26) 平井直房　二〇〇〇　前掲註（10）書　一三九・一四〇頁。

(27) 八束清貫　一九七三「大嘗祭の御復興と皇室典範について」『戦後神道論文選集』神道文化会。八束清貫の役職は元宮内省掌典である。掌典とは皇室の祭祀を司る宮内省式部職の職員。明治四年（一八七一）八月、神祇官に置かれ、同五年三月宮内省式部寮に移った

(28) 『報知新聞』一九〇二（明治三五）九月二四日付。

(29) 『風俗画報』一九〇五　三一四号　東陽堂　一一・一二頁。

(30) 『東京朝日新聞』一九〇八（明治四一）一二月一一日付。

(31) 明治記念館五〇年誌編纂委員会編　一九八五『明治記念館五〇年誌』明治記念館　三六頁。

(32) 穂積恵子　一九八九「総合結婚式場の誕生◎現代日本の結婚式」『都市民俗学へのいざないⅡ情念と宇宙』雄山閣　二四三頁。

# 第三章　明治期の女性雑誌にみる水嶋流の礼法家たち
## ―松岡家と有住家・石井泰次郎―

### 第一節　水嶋流の礼法家たち

明治期に礼法の権威と目されていたのが松岡明義である。小笠原流の小笠原清忠氏も『小笠原流の伝書を読む』(1)のなかで、明治一六・一七年頃、東京女子師範学校において礼式研究が行なわれ、小笠原氏および松岡明義氏（辰方の孫）を招聘してその職を嘱託せられ、主として後閑菊野、佐方鎮子両女史もこの教授を受け、自ら全校の生徒に教授した。そして、それを受けた人々は全国の女学校、小学校に教授するようになった、と述べており、小笠原流と松岡明義の水嶋流の礼法が全国の学校教育に影響していったことが分かる。

『久留米教育小史』と『明治婦人録』にも、水嶋卜也と松岡辰方らの礼節を受け継いでいる人として、松岡明義の娘止波子、石井泰次郎、有住斎、有住斎の娘常子（東京女学館作法教師）、安徳倫子、大谷清子、中村楳子、長谷川夏子、矢田部順子（女子高等師範学校助教授・私立女子英学塾講師）などを挙げている。(2)

#### 一、松岡家

松岡家の伝授経路については第一章第二節（1）水嶋流で述べているのでここでは省略するが、明義の娘止波子

の作法の系統については、止波子と石井泰次郎の共著『明治の礼式作法』に次のよう記されている。(3)

○水嶋之成↓伊藤幸氏↓同子孫幸辰↓松岡辰方（天明前後）↓同明義（天保）↓同行義（明治迄）↓松岡止波子
○同伊勢家↓辰方↓松岡止波子
○宮中作法↓（文化前後）↓行義（天保）↓明義↓松岡止波子

松岡家の礼法は水嶋流・伊勢流・宮中作法が止波子に受け継がれ、有住家や石井家も代々松岡家から学んでいる。石井泰次郎は『女鑑』一六七号のなかで、松岡辰方は時世に合わせた礼法を考案し、その伝統を有住斎が受け継い(4)でいる。これは、近世の正しい礼節なので後世に伝えるべきであると力説して、松岡家の新法式の水嶋流の礼法受け継いだ有住斎を推薦している。

松岡家から伝授された有住家と石井泰次郎は、当時の女性雑誌に礼法を寄稿している。その内容から、彼らが何を民間に広めようとしたのかをみてみよう。

## 第二節　明治期の女性雑誌

本節では、女性雑誌の『女鑑』、『女子の友』、『女学世界』などに寄稿された記事を分析対象とする。

『女鑑』は明治期の代表的な婦人雑誌で、当初から体制的な良妻賢母を女性の理想として掲げているが、男女同権ではなく男性に比べて知的教養を必要としない、男性に従う女性を理想とした。創刊は明治二四年（一八九一）

八月で、明治四二年（一九〇九）三月号までに三五六冊発行された。(5)『女子の友』は、女子教育ならびに家庭教育研究の場になりうるよう願って、明治三〇年（一八九七）六月二二日に創刊され、明治三九年（一九〇六）五月三一日に一七七号をもって終刊となった。(6)『女学世界』も、良妻賢母育成を目的に明治三四年（一九〇一）一月に創刊され、大正一四年（一九二五）六月に終刊した。(7)

これらは男性に従う女性を理想としていたことから、女性解放に主眼をおいた近代日本女性史では、ほとんど問題にされてこなかった雑誌である。

## 一、有住家

有住斎は『女鑑』の第一号（明治二四年八月八日）から礼法を寄稿している。有住斎の肩書きは故実礼節師範教授、その娘常子も礼節教授や東京女学館講師の肩書で一四〇号（明治三〇年九月五日）から連載している。有住斎は病気療養中のためか、一五七号（明治三一年五月二〇日）からは弟子の名前で連載を続け、亡くなった後も門人と娘常子が引き継いでおり、水嶋流の礼法を広く伝えたかったのであろう。

また、有住斎との関係は不明であるが、有住くわう子の名も一八五〜二三二号（明治三二年七月二二日〜明治三四年二月五日）に記載がみられる。それらのなかには婚礼式・女礼・折り方および結びに多くの記述がある。

### (1) 婚礼式

有住斎と娘常子は『類聚婚礼式』(8)を基本にした婚姻儀式を行なうようにすべきであると述べ、『女鑑』ではそれを詳細にかつ分かりやすく記述をしている。例えば、『類聚婚礼式』で紹介された婚姻儀式は、高貴な家の法式であって庶民が到底参考に出来るものではなかった。ところが『女鑑』も高貴な人の婚礼式ではあろうが、分限に合わせてするようにと庶民階層にも応用できる内容となっている。

一例をあげれば、婚礼式の前に差し上げる舅への土産は「袴地一巻、雉子一双、樽一荷。但し、都合によりて、雉子の所を、鯛鰯などになしてもよし。又は何れも、末広か扇子にても添えてよし」などと、図絵で分かりやすく示し、庶民層にも入手が可能な品物に替えている。礼法に少々心得のある人であれば、これを基にして略式の婚礼式を考案して利用できるであろう。

特徴的なことは、自宅の床の間を神床に設えて婚礼式を勧めていることである。それまでの庶民の婚礼式は、儀式よりも酒宴を目的としたものが主流あったが、『女鑑』では神の前で儀式を行なうという神式の法式を提案している。それは水嶋流の旧法式ではなく、神の前で婿が先に夫婦盃を飲むという新法式を勧めていることが分かる。その中での婚礼式の立ち居振る舞いについても、足運び、物の持ち方などを分かりやすく説明しているため、婚礼式を采配する人だけでなく、女性の身に付けたい教養としては十分参考書になりうる内容である。

### （2）女礼

礼法の立ち居振る舞いには男礼と女礼とがあり、女礼は女性の立ち居振る舞いを中心とした礼法である。女礼とはどのような内容なのか、見出しを列挙してみると次のようなものである。

#### ①有住斎の寄稿

戸障子開閉様、掛け物掛け様、すだれ出し様、幕出し様、小袖袴着せ様、主客心得様、掛け物見様、瓶花見様、掛け物の紐、結び方、書物巻物見様、扇使い様、物品進撤の心得、煙草盆出し様、茶出し様、火鉢だし様、炭置き様、燭代だし様、小刀だし様、扇子だし様、琵琶だし様、琴だし様、笙だし様、笛、尺八・太鼓・碁盤・将棋・硯箱・料紙だし様、書状授受様・同披露、目録授受、同披露、手のし拝領、目録拝領、衣装類拝領、熨斗鮑三方出し様、膳のだし様、飯鉢の出し様、ふたの下げ様、汁盛替出し様、盃台出し様、中酒出し様、吸物出し様、肴出し様、湯肴出し様、水出し様、菓子出し様、湯茶出し様、行酒飯食程式、同輩に盃指し様受け様、神酒頂様、飯食い様、禁忌の様、禁忌の條、移り箸、膳渡り、にらみ食い、こみ箸、もぎ箸、袖越、餅菓子食い様、干菓子食い様、茶飲み様、楊枝使い様、陪食心得、結納上中下。

**②有住常子の寄稿**

戸障子出入の礼、火鉢出しよう、盃台出しよう、中酒出し様稽古の仕方、吸物膳出しよう、薄茶出しよう、行酒飲食程式けいこの仕方、同輩に盃を指し様附受けよう、初春の慶賀・鏡餅の図、女禮下輩に杯指し様受けよう、肴挟みけいこの仕方、銚子堤披酌取りよう、女禮けいこの仕方、酌取りよう、瓶子酌取りよう、飯食べ様付禁忌の條、飯食べ様並びに通いの鉢、菓子食べよう、餅菓子食べよう、赤飯強飯食べよう、貴人へ楊枝差し上げよう。産所式着帯床飾り。

有住斎と娘常子も婚礼式の際の立ち居振る舞いだけでなく、床の間の掛軸の扱い方や紐の結び方、あるいは客を招いての接待方法など幅広い礼法を記している。特に、日常の食事作法に多くの記載がみられる。

このような内容からは高貴な人のみを対象にした読み物ではなく、庶民層にとっても、客の接待方法や食事作法などが詳細に記されているために、参考になったことであろう。礼法の稽古とは日々行ない鍛錬して身に付けるものであるから、格好の参考書になったとみられる。ちなみに、伝統的な稽古事とは師匠からの口伝が多く、教科書もない場合もあり、このような詳細な記述内容は多くの読者に受け入れられたに違いない。

### （1）折り方

進物を贈る際の品物を包む紙の折り方である。礼法では折形という。

#### ①有住斎の寄稿

昆布包、大豆粉包、真草ごま塩包、山椒コショウ包、金銀包、扇子包、黄金包、猪子包、砂金包、包丁包、子木板包、水引包、串柿包、真香包、行草香包、包み袋・薫包、琴・琵琶包、式紙包、服紗・茶巾・煙草入れ包、笄・小刀・茶粉包、筆・墨包、草花包、柄糸縫緒包、つかいとさげ包、真末広包、草の末広包、草の帯包、縫帯包、巻物包、真板の物包、草板の物包、掛物包、頭巾綿帽子包、染小物包、綿包、弛弓握包、的矢包、懸包、太刀帯取包、洗米包、白髪七種包、懐紙願書包、鷹大緒包、鷹の緒包、天筋並鈴包、押掛包、靶包、腹帯三尺包、手綱包、おしろい包、わたし金包、かね筆包、涅液子包、まゆ払い包、真立・袖形包、くしばさみ包、折払包・大・小、長掛包、京ひな包、茶杓・茶七包、丸薬粉薬包、のみ茶包、へら刀上包、湯薬包、笄刀包、たか刀・へら刀柄包、足袋上草履包、桃花包、菊花包、蓬菖蒲包、烏帽子形包、結納のし鮑包、平甲立包、銀子付紙包、箸包、猪子餅包、真のかぶと包、行のかぶと包、昆布包、岩田帯包、桑弓蓬矢包、桃の弓葦の矢包、くじら矢包、手遊び包、たばこ入れ包、楊枝さし包、盃包、絵元結包、元結包、茶包、櫛包、髪撫包。

#### ②有住くわう子の寄稿

水入包、毛垂毛抜包、毛垂髪撫包方、剃刀方、はさみ包、毛抜き包、玉包、爪切り包、水引かくる事、毛（まゆはき）包（草）、真立て包、筆包、紅包、黒はづし二対、五対の筆包、まゆはらい包、まゆ包、南天包、まゆはらひ包、紙入れ包み附貼紙、毛抜き包、たとう紙、蓬莱の觴包、紙入れ包、萬用包、真行のし包み、銚子雌蝶、銚子雄、樽手包、亥猪もち包、瓶子蝶、亀甲角蝶高立、ききやうの高立、柳樽の蝶。

以上のように、婚礼式については『類聚婚礼式』の内容を改めて雑誌に紹介しているが、『女鑑』ではより分かりやすい記述になり、水嶋流の新法式の婚姻式を庶民層にまで広めたいという強い意志が読み取れる内容である。女礼については心得だけでなく立ち居振る舞いも懇切丁寧な記述がみられ、読んだだけでは難しいが、女学校などで礼法を習い知識のある人であれば充分理解できる内容となっている。

進物を包む折り方については、二〇種余りしかない伊勢流の折形を基にして、有住斎と有住くわう子は多くの折り方を考案して紹介している。

## 二、石井泰次郎の寄稿

『女鑑』の二二五号～二三七号（明治三四年三月二〇日～九月二〇日）では、上巻結び、包み結びを、『女子之友』でも、伸鮑包み、丸く巻いた物の包み方、大豆粉包みを、『女学世界』では、花結びなどを図示で説明しているために分かりやすい内容である。このように、石井は進物の包み方と結び方について多く記載している。

石井泰次郎は肩書として割烹学校教授（『女鑑』三三・三四号）、割烹学生（『女鑑』一六四号）、割烹学校創立者（『女鑑』一七六号、『女学世界』二巻三号、七巻一号）などを掲げている。この中で石井は、割烹の大家といわれている人や女学校での料理教師だけでなく、松岡家や有住家以外の礼法家を痛烈に批判して、水嶋流の礼法の正当性を料理の世界だけでなく、礼法の世界の人々にも広く認知させようとしたのである。

## 結びにかえて

これらの女性雑誌に寄稿された礼法は、いずれも当時の水嶋流の礼法家たちが世間に広めようと意図したものである。今までは高貴な人を対象にした内容であって、庶民層には縁のない単なる読み物としての評価しか与えられなかった。一方で、高貴な人だけでなく、庶民層にも参考となる内容となっている。また、分限に合わせられるように、詳細に分かりやすく挿絵入りで略式も示しているため、礼法に少々心得のある人が読めば庶民層にも充分に参考書と成りうる雑誌といえる。当時の水嶋流の礼法家たちは、女学校や師範学校で教鞭をとっており、彼らから学んだ全国の生徒や心得のある人には読まれたものと思われる。また、口伝で学ぶことが多い礼法が、雑誌では詳細な記述がなされており、婚姻儀礼を采配する人たちだけでなく、教養を身に付けたいと思う女性たちにとっては、知識だけでなく立ち居振る舞いの礼法を学ぶための格好の参考書になったと考えられる。

それまでの庶民の婚礼式は儀式といえるほどのものはなく、多くが婚礼のお披露目としての酒宴が重視されていた。ところが、このような雑誌の内容が影響して、上流階層の人々への憧れから庶民層にも婚姻式を行ないたいという意識が芽生えたと考えられる。

また、進物の折り方についても、当時は現金を包む所謂金封（祝儀袋も不祝儀袋も含む業界用語）というものはなかったが、戦時中出征兵士にお祝いや戦死した家族へのお悔やみを贈るときに、創意工夫をこらしたものが活用されたことからも推察しうる。それ以降、現在まで金封は星の数ほど様々なデザインのものが市販されているが、それらはこの当時の女性雑誌にしばしば掲載された折り方や結び方が土台になったといえる。

第二部第一章では、有住家や石井泰次郎が婚礼式だけでなく、折り方や結び方を重要視していることから、現在の市販の金封にどのように影響したのかを明らかにしていく。

その他に、大正一四年から昭和二五年まで記述された石井泰次郎の日記と「料理稽古名簿」によれば、昭和初期から第二次世界大戦後までには、石井の弟子たちは全国に大勢いたことが分かる。最も多い東京には三一名、次いで新潟県では一二名、群馬県四名、三名が北海道、三重県、愛知県、長崎県、二名が岩手県、茨城県、静岡県、大阪府、一名が秋田県、宮城県、福島県、島根県、大分県、栃木県、埼玉県、長野県、千葉県、富山県、和歌山県、島根県、広島県、徳島県、大分県で、一〇名は県名が不明である。当時日本の統治下にあった台北や樺太にも弟子がおり、たびたび通信教育で指導した内容を郵送したという記録が残されている。石井の日記によく登場する名前が、浅草の老舗料亭一直の子息である。その後継者江原仁氏は、四條流東京一饌会をまとめ包丁式四條流を広めている。(9) 新潟県では老舗料亭の行形亭《いきなりや》である。こちらも石井から学んだ婚礼式を行ない、熨斗鮑を造り儀式の酒宴には熨斗飾りを披露している（第四章の写真）。

石井の影響は都会だけでなく台湾や地方の料理人たちにも伝授されており、全国に広まったようである。こうして料理人に伝えられた水嶋流の婚姻儀式や礼法、進物の折り方、結び方が庶民に影響を与えた経緯を明らかにする必要がある。

明治期には庶民には縁遠いものであった水嶋流の新法式の礼法が、雑誌に寄稿され庶民層にも受容できる下地が出来、現代の我々にどのように影響しているのであろうか。以上の問題を解明しつつ研究を重ねていきたい。

註

（1）小笠原清忠　二〇一五『小笠原流の伝書を読む』日本武道館　五〇頁。
（2）坂本箕山　一九〇八「附録　久留米教育小史」『有馬義源公』東京通信社　三一頁。
婦人通信社編　一九八八『明治婦人録』（底本　婦人通信社　一九〇八『大日本婦人録』）日本図書センター。
（3）石井泰次郎・松岡止波子　一九〇九『明治の礼式作法』弘学館。
（4）有住斎は奥白河邊の藩士で、二〇歳の頃、大脇晋輔重恒より松岡家の伝統の礼法を学び、また、松岡明義からも学び研究した結果、松岡家の礼節を託された（『女鑑』一六七号）。
（5）『女鑑』一九八六　復刻版（一八九一～一九〇九）大空社（原本国光社）。
（6）『女子之友』一九八六　復刻版（一八九七～一九〇六）大空社（原本東洋社）。
（7）『女学世界』一九八六　復刻版（一九〇一～一九二五）大空社（原本博文館）。
（8）有住斎　一八九六『類聚婚礼式』東陽堂。
（9）「石井泰次郎日記」『魚菜文庫』慶応義塾大学図書館所蔵。

# 第四章　料理人に伝えられた水嶋流の婚姻儀礼
## ―香川県高松市の事例から―

### はじめに

昭和五〇年代頃まで自宅で行なわれていた自宅結婚式は、家と家とのつながりや地域の人との承認が重要とされていた。現代では、海外挙式が急増する一方で、入籍だけ、もしくは披露宴をしない質素なジミ婚、あるいはオリジナル婚といったような、儀礼性を排除し、自分らしさを出す時代へと質的に転換している。いずれの時代においても、どのような形式にするのかを提案して、消費者のニーズに合わせて勧めていくのはブライダル産業に関わる人たちであり、その影響は大きなものといえよう。

第一部第一章では、自宅結婚式の夫婦盃の法式には、水嶋流の影響が大きかったことを明らかにした。その礼法家のなかに、包丁儀式の四條流の家元で明治・大正・昭和期に活躍した石井泰次郎がいる。石井の日記には、芸者の教育機関である芸妓学校や包丁儀式の弟子の料理人、また女学校などでも水嶋流の婚姻儀式や礼法を教えに行っているという記述がある。(1) 石井から学んだ人たちが各地に分散して礼法が広まることになったのである。

本章では、水嶋流の婚姻儀礼が芸者から地方の料理に伝わった事例として、昭和四〇年（一九六五）頃まで行なわれていた香川県高松市の自宅結婚式を取り上げる。併せて、婚姻儀式にはめでたい床飾りは重要であるが、石井泰次郎からそれを学び、水嶋流の熨斗飾りを作成した事例も報告する。

## 第一節　研究史と課題

近世社会史研究においては、原田信男が料理文化の村落への流入について検討している。それは、近世に都市で出版された料理本を参考に、地方の上層農民がその担い手となり、やがて礼法や料理技術を伝え歩く商売人によって、料理文化が村落へ流入したというものである。(2)

民俗学では、竹内由紀子が次のように指摘している。宴会が外部化される以前は、当事者の家で互助組織の人々による共同調理によって担われてきた。しかし、婚礼などの際には専門家と目される人物に依頼する例が多く、日常は農業などに従事しているものの、冠婚葬祭の宴会には専門家として依頼される素人料理人と、魚屋・料理屋・仕出し屋など料理技術によって生計をたてているプロの料理人とがいる。このうち素人料理人の事例は村の社会研究に重要である、と問題提起している。(3)

素人料理人については増田昭子が、師匠から巻物を授けられたユルシトリが、「小笠原流」の礼法と婚礼式を指図した事例を報告している。それは、会津の古文書の分析から昭和三〇年（一九五五）頃までは、「小笠原流」を学んだ男性のユルシトリが、祝儀・不祝儀の儀礼に際してすべての采配をふり、実際に料理も作り味を覚えたというものである。(4)

芸者の世界については、明田鉄男が『日本花街史』にまとめている。(5) 西尾久美子は伝統文化産業としての花街が寂れた現在、なぜ京都だけが超一流のもてなしを提供する場として、グローバルな知名度を確立し存続しているか

を検討している。(6)

このような先行研究をうけ、本章では水嶋流の婚姻儀礼が地方に伝わった事例として香川県高松市の自宅結婚式に焦点を当て、三三九度などの儀式を主にみていく。芸者を通じて習った料理人が采配した事例と他の事例とを比較することによって、地方への水嶋流の影響を分析したい。

水嶋流の歴史と伝授経路については第一部第一章で述べているので、ここではその特徴を簡単に説明し、続いて石井泰次郎の法式を『婚礼千代かゞみ』からみていくことにしたい。

## 第二節　水嶋流の特徴と石井泰次郎の法式

水嶋流は近世・近代と「小笠原流」を名乗っているが、本流の小笠原流との特徴的な相違点をあげると、夫婦盃をする部屋の床飾りと夫婦盃を飲む順番にある。

小笠原流は、時代が変わっても法式の基本は変えないため、近世から現代までも床の間には神を祀らず、夫婦盃の順番も嫁が先に飲む法式をとっている。ところが、水嶋流は旧くは小笠原流に準じた法式であったが、水嶋流・松岡辰方が伊勢流を取り入れたために、明治以降は、床の間には神を祀り夫婦盃の順番も婿が先に飲む法式へと変えてしまった。

松岡家から学んだ石井泰次郎は、著作『婚礼千代かゞみ』の法式では、夫婦盃の順番は本式には嫁が先であるが、婿が先に飲む法式が正しい、という水嶋流の新法式をとった。床飾りについても、具体的な神を祀ってはいないが、神前で行なうというものである。部屋の上座下座については、座敷の正面に向かって左右に関係なく、床の間ある方を客位の上座に、棚のある方を主位の下座として、部屋の様式によって上座と下座は変わる。そして水嶋流の旧法式のときの居の字を用いず、伊勢流の客位・主位という位の字を用いた。仲人については、近世の夫婦盃に仲人は必要でなかったが、本式も略式も、仲人は大切であると重要視している(7)。

次に、石井がどのような経緯から芸者の学校へ教えに行ったのか、彼の日記からみていきたい。

## 第三節　石井泰次郎の日記

石井の日記によれば、包丁儀式の四條流の弟子たちだけでなく、芸者らにも礼法を教えたという記述がいくつかある。

例えば、大正一四年（一九二五）八月四日には、包丁式をしている。そのときに、「知人の工藤氏を知った松本愛子という芸者が、松岡先生に宜しくといへり」と記されている。ここでいう松岡先生とは水嶋流・松岡辰方の曾孫止波子のことで、当時、彼女は女子高等師範学校で礼節の講義を勤めていた。石井と芸者と松岡との関係性がみえてくる記述である。

昭和四年（一九二九）一二月二日の日記には「稽古、芸者の婚礼式、うちの女中の婚礼式と二度する」と記され、昭和八年（一九三三）一月三一日にも「女中婚礼式稽古前に常の膳出しよう、後に、三々九度稽古」と、水嶋流の婚姻式を割り稽古で一部分ずつ稽古していた様子がうかがえる。

昭和一〇年（一九三五）五月七日・八日と一二月一八日にも新橋芸妓学校へ礼法を教えに行っている。その内容はシトネ（褥）(8)敷き方、乗りよう、タバコ盆、菓子、茶ダイ進めよう、膳出しようなど、客に対する立ち居振る舞いの指導をしている。そして、銚子、提子飾りつけ、雛形などの記述からは、模型で分かりやすく説明して実習を行なっていたようである。また、酒の注ぎ方でも、銚子と徳利の説明のために燗なべを持って行くという記述からは、所謂「つもり稽古」ではなく、実物を使用して稽古をつけていたようである。

一二月一八日には「水引、もろわな結びする。並尺にて、屠蘇の出しようする。正月のこといろいろ雑に話しする」とあり、何度も芸妓学校へ礼法と婚礼式の指導に出向いている。水引の結び方と屠蘇という記述から、屠蘇飾りの折形も実習した様子がうかがえる。

なお、新橋は伊藤博文、桂小五郎（木戸孝允）、西園寺公望ら明治政府の高官たちに利用されたことで知られ、石井は東京という日本の中心地で活躍する芸者達にも、具体的にかつ理解しやすいような指導法で水嶋流の礼法を伝授していた。

また、関西方面への影響をみると、昭和五年（一九三〇）一〇月二〇日から二四日まで、大阪において包丁式の講習会が開かれ、石井は料亭はり半本店に五日間滞在している。講習会の世話人には、関西の老舗料亭の主人たちが名を連ね、石井の影響は関西にも及んでいる。

このように、水嶋流の礼法や婚礼式が松岡や石井によって関西地方や芸者の世界に伝えられていたことが知られよう。

次に、芸妓学校とはどのようなところなのか。明田鉄男と西尾久美子の論稿を参照しつつ芸者の世界を概観したい。

## 第四節　芸妓学校

高松市の農村地域での婚姻儀礼に、料理人として婚家に出向き料理を作り、盃事の采配もしていた香西英雄氏（大正一四年生）に儀式作法を教えたのは、芸者のシバヤマさんであった。彼女が修業をしたのは都会というだけで場所が定かではないが、香西氏によると京都か大阪であろうとのことなので、京都と大阪について、明田と西尾の論稿から述べる。

『日本花街史』によれば、明治六年（一八七三）に芸娼妓教育機関として「婦女職工引立会社」が設立され、翌年「女紅場《にょこうば》」と改名した。紅とは「工」の意で二つの意味があり、一つは遊所の系統、もう一つは一般の子女を対象とする教育機関である。後者は後に高等女学校に発展するが、前者は遊所女紅場と通称された。

明治一四年（一八八二）制定の上七軒女紅場の規則（『京都府庁文書』）によると、授業料は芸妓一人に月五〇銭、貸し座敷から拠出が一軒につき同五〇銭、役員は取締二人、勘定掛二人、庶務掛二人、生徒世話掛婦人一人、子使一人、別に教師として裁縫、押絵、女礼、修身学、ダンツー（絨緞）、習字、算術、読本の授業があった。授業は朝八時から午後三時までで、休みは日曜祝祭日と北野神社祭日と一二月二一日から一月一六日までである。このように、芸妓学校には女礼の授業があり、シバヤマさんがこのような教育機関で学んだ可能性はある。[9]

香川県内での芸者数については、『香川県綜合郷土研究』によれば昭和一〇年頃には県全体では四四六人、そのうち高松市の八重垣（北の新地）には一一四人と、県全体のほぼ四分の一の人が高松市周辺にいた。芸妓が都会地に多いのに対して酌婦[10]は田舎に発展しているという。いわゆる町芸者[11]と呼ばれるものもあって、一般の家庭における結婚、棟上げなどの宴会にも雇われて行く。その花代も格安であるから、かなり需要が多かったようである。[12]

このように、香川県での自宅結婚式には酌婦や町芸者が雇われて行き、婚姻式における芸者の影響がいかに大きかったかが推察できよう。

## 第五節　香西英雄氏の法式と他の事例報告

### 一、香西英雄氏の経歴

料理人の香西英雄氏は昭和一六〜一八年（一九四一〜一九四三）の三年間、おじの伊藤秀吉の養子先に下宿していた。下宿先は奈良県大和高田市葛城郡の葛城楼という料理旅館であった。料理は休日に手伝いをして覚えたが、昭和一八年には出征することになった。戦前の葛城楼では宴会しかしておらず、昭和四〇年頃から婚礼の儀式を扱うようになる。終戦後の都会は食糧難のため英雄氏は香川に帰り、昭和三〇年頃から高松市周辺の婚家に出向いて婚礼料理を作るようになり、昭和三七年（一九六二）には調理師免許をとった。その頃の料理人は、宴会の大きさによっては芸者や仲居の手配もしていた。当時、都会から来た芸者のシバヤマさんが儀式作法に熟知しており、彼女から夫婦盃の順番なども教えてもらうようになる。そして小規模の披露宴には芸者を呼ばないことから、料理人の英雄氏が儀式の采配をしたのである

次に、すでに報告されている調査報告書の確認と、筆者が調査した昭和三五年（一九六〇）頃の事例および英雄氏の法式を時系列に報告する。

## 二、香川県高松市周辺の調査報告書

『香川県綜合郷土研究』によれば、藩政時代の高松藩領内の武家では、本土と同様に挙式当日花嫁は、附添の者とともに道中着を着て、駕籠で中宿《なかやど》（婚家の近くで親類など近しい関係の家で休憩する所）まで行き、そこで白装束に着替えて前帯を締め、髪は下げ髪に綿帽子を被る。婚家へ着くと床の間の前に座り、礼拝して懐中の箱迫の守りを床の柱に掛けて、貞淑の意を表して、盃事を行なう。その後、赤の下着に着替えて前帯を締め、打掛を羽織った。色直しは分に応じて度々行われた。婚家では祝い客に三宝《ママ》に長熨斗をすすめて挨拶をした。やがて、町屋や農家にも分限に合わせて行われるようになったと報告している。(13)

戦前の高松市鬼無地区では、『笠居郷風土記』によれば、「嫁は婚家に着くと仲人について台所を通ってヒヤへ入り、仏壇を拝んでからもう一度ヒヤへ戻って、夫婦だけでヒヤサカズキをする。その後座敷で式をする。三三九度の盃はシャクと呼ばれる仲居によって行なわれ、盃が終わると夫婦は下座に下がり、向かい合わせに坐る」と報告している。(14)

その他の調査報告書では、高松市東植田地区の婚姻式は仲人がザモチとともに席のジュンダテを言って席順を決め、夫婦のヒヤノサカズキは婿と嫁に仲人が立ち会って行なう。盃はオシャクトリサンが仲立ちをしてすすめ、盃をほした後にハサミザカナを出す。熨斗を出してヨロコビの挨拶をして、朱塗りの三つ重ねの盃を前に置き、盃をあおるたびにハサミザカナをすすめる。ハサミザカナはすすめるだけで実際には渡さない。

長尾町前山でも、嫁は婿方のテビキの女の子に手をひかれてニワノクチからカマヤ（台所）を通って、部屋に上がり仏壇まいりをする。その後、オクに入って待つ。夫婦の盃はオクで仲人が婿と嫁との中に入って行なわれる。三三九度の盃は、芸者が運んでくる。盃の順番は上・中・下の三つ重ねの盃をそれぞれ仲人から嫁へ、それを仲人が受けて、さらに婿に渡す。最後に仲人がオサメテ、盃を三方の上に置く。盃の後は黒豆・タツクリ・昆布の順に箸で挟んで渡す真似をする。婿・嫁はこれをいただく真似をする。これをヘヤ盃ともいうと報告している。(15)

## 三、昭和三五年の自宅結婚式の事例（著者の聞き取り調査）

自宅結婚式を挙げたAの場合の夫婦盃は、次のようなものであった。

夫婦盃は、オクの部屋で、嫁・婿と仲人夫婦の間で執り交わした。盃の順番は上の盃は嫁から婿へ、中の盃は婿から嫁へ、下の盃は嫁から婿であった。神酒の注ぎ方は一度目と二度目はカチカチと音だけで三度目に注いだ。床飾りはなかったが、三方には大根が載せられ、肴は黒豆とイリコ、昆布であった。当日は婚礼の式法をよく知っている人が来て、仲人にもなり盃事の采配をした。

## 四、香西英雄氏の法式

嫁が婚家に到着してからメンバ（自治会）入りの盃、夫婦盃、親戚の盃を行なうところまでを報告する。

挙式当日、婚家では朝八時か九時の案内をうけたメンバ一〇～一五軒の人達が宴会をしている。そこへ花嫁が九時か一〇時に到着する。花嫁は婿方の親戚の七～八歳のテビキの女児に手を引かれて裏口から入る。入ると今度はオンバハン（美容師）の案内でカマヤ（台所）からオクの部屋を通り、座敷で仏檀参りをする。先祖への土産は線香である。その後、いったんヒヤ（お色直しの着替えや、今後の新夫婦の部屋）で休憩をする。次にオンバハンに連れられてナカノマの下座に姑と並んで座り、姑が「縁あって、〇〇から嫁を貰いました」と、言って嫁を紹介する。客は嫁入りなら女性、婿入りなら男性が招かれている。メンバ入りの盃は、総代或いは健在な老夫婦がメンバの代表として嫁と盃を交わす。先ずオンバハンが「部落入りの盃をさせていただきます。いちいち持って行かないかんのやけど、代表でお願いします」と言って、一の盃は代表・嫁・代表へ、二の盃は嫁・代表・嫁に、三の盃は代表・嫁・代表の順番に執り行う。

次にヒヤでヒヤ盃という夫婦盃をする。料理人と芸者が雄蝶・雌蝶となりお酌をする。三方には海の物、山の物、丘の物の結び昆布、黒豆、タツクリを載せる。酌人は仲人男に「お毒味お願いします」といって酒を注ぐ。一の盃は仲人男・婿・嫁・仲人女・仲人男に、二の盃は仲人男・嫁・婿・仲人女・仲人男に、三の盃は仲人男・婿・嫁・仲人女・仲人男と交わす。最後に仲人男が「お納め願います」という。

この後、座敷で親戚の人と盃をとりかわす。この盃は嫁側が頼む方であるから下座に座るが、披露宴になると、もてなしを受ける側になり上座に座る。その座順も盃事のときは血の濃い人が上座に座るが、披露宴になると下座に替わる。親戚の盃の際は、茶と菓子を出してから父親が親戚を相手方に紹介する。

次に指図をする者が「お熨斗を差し上げます。いちいち持って参らないかんのやけど、ご親戚の盃をさしていただきます」と挨拶をする。盃の順番は仲人男から婿・嫁・嫁の父親・婿の父親・親戚へと廻り、最後は仲人女となる。

昭和三・四〇年当時は、メンバ入りの盃・夫婦盃・親戚の盃が執り交わされていたが、昭和五〇年頃にはメンバ入りの盃はしなくなってしまった（図1・図2・図3・図4参照）。

以上を表5（第一章）にまとめてみると、藩政時代から明治一四、五年頃までは床の間のある部屋で夫婦盃が行なわれているが、これは武家や上流階層の婚姻儀礼である。庶民層の家には床の間はなく、床の間を設けるのは豪

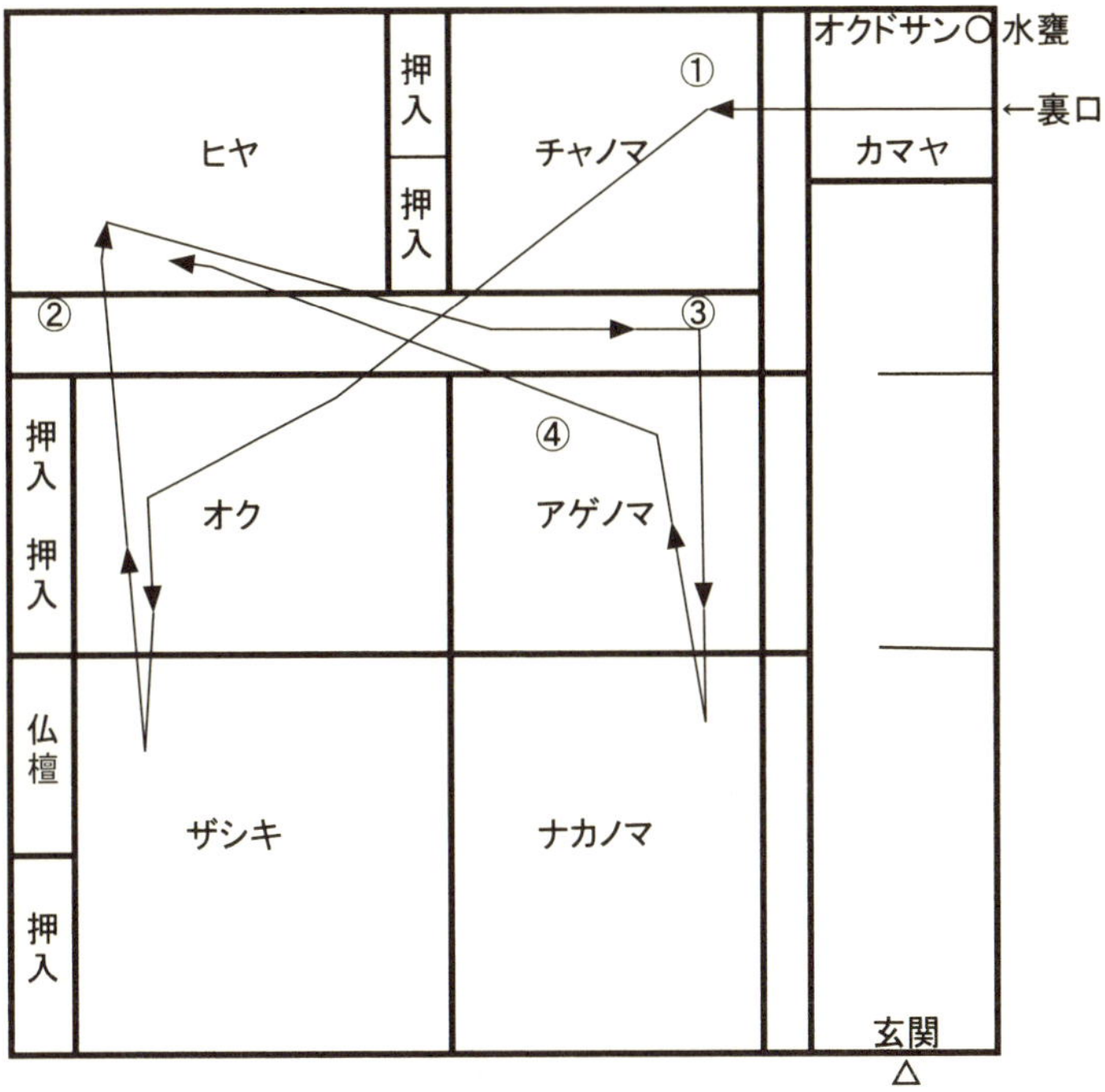


図１　婚家での嫁の順路

①カマバから入り座敷　②仏壇参り後ヒヤへ　③ヒヤからナカノマ　メンバ入りの盃
④ヒヤに入り夫婦盃

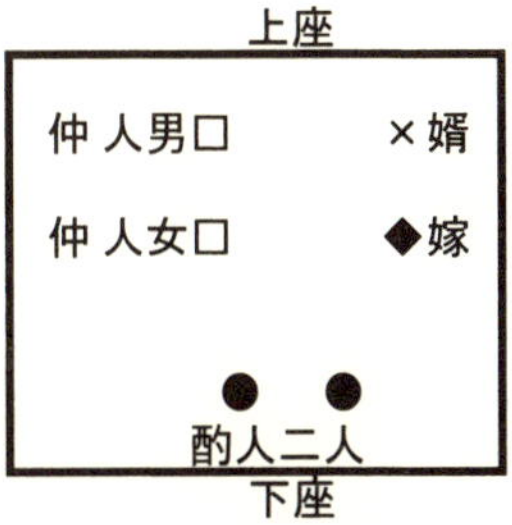


図３　ヒヤでの夫婦盃の座位置

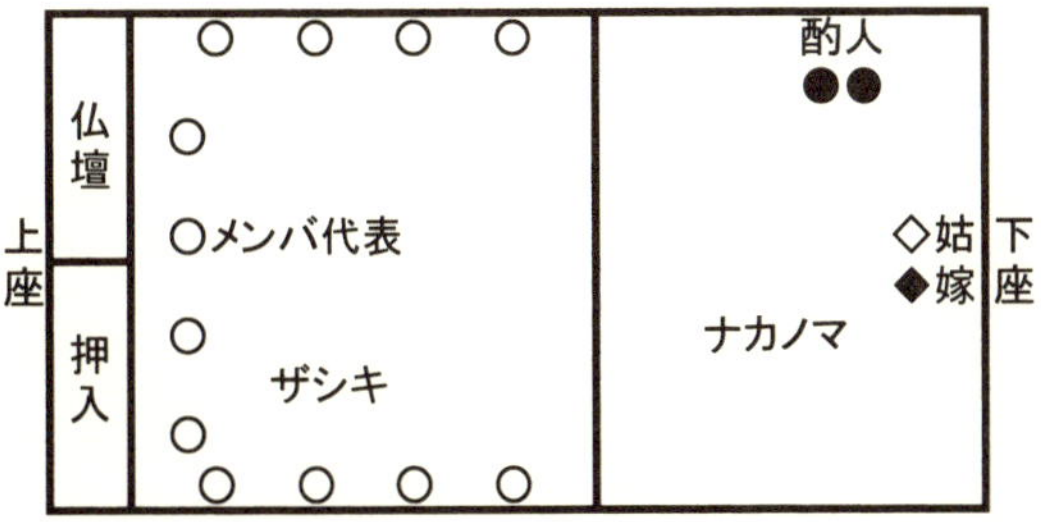


図２　メンバ入りの盃

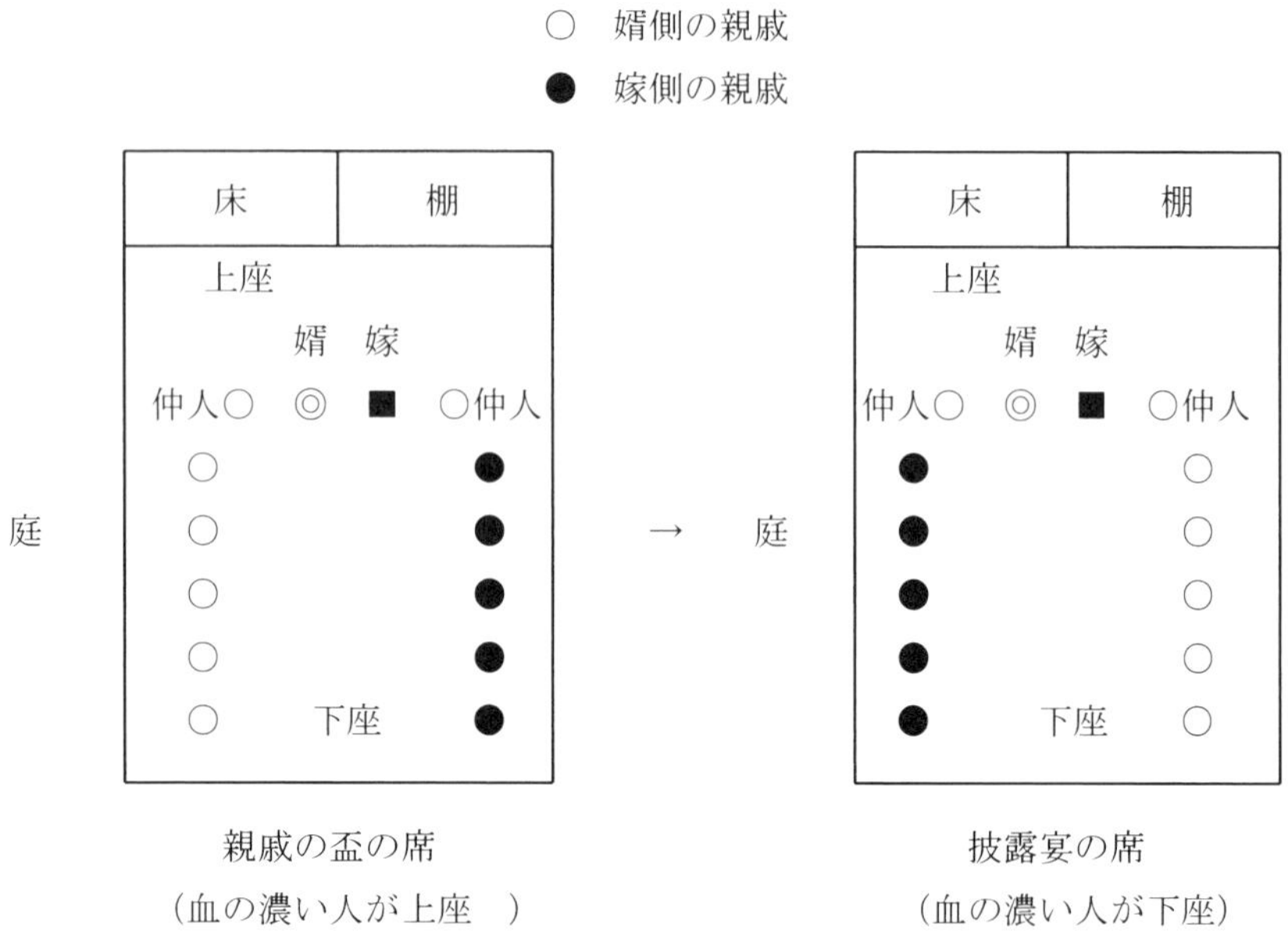


図４　親戚の盃の席と披露宴の席

農・庄屋・郷士・武家など格式のある家であった。『香川県綜合郷土研究』の調査をした頃の昭和一〇年頃ですらも、床の間があるのは格式のあるごく限られた家であった。当時の庶民層の婚姻儀礼についての報告はないが、戦前には夫婦盃をしていたようである。

夫婦盃を取り交す場所については、民俗調査報告書では納戸かヒヤ、あるいはオクの部屋で行なわれており、その順番は神前結婚式と香西英雄氏の法式では、婿が先に飲む法式であるが、他の地域では嫁が先の法式をとっている。

また、長尾町や英雄氏の法式では仲人も夫婦盃に加わっている。酌人については男女児が行なうところと、仲人や芸者あるいは料理人が行なうところとあるが、盃事の采配をしたのは、何度も婚礼に参加して手馴れている芸者や料理人が多かった。仲人も何度も経験があるわけではなく、その人達に委ねていたようである。

なお、昭和になると高松市の都市部だけでなく、琴平のような田舎町でも神前結婚式を挙げる人が増えつつあった。

芸者のシバヤマさんは、水嶋流の特徴である夫婦盃の順番は、婿が先の法式を取り入れている。香西英雄氏によれば、当時、高松市内の近鉄会館でも神前結婚式が行なわれていたが、そこでの神官による儀式は、夫婦盃の順番は婿の方が先という自分のやり方と同じだったと話した。

シバヤマさんが水嶋流の影響を受けた神前結婚式の法式を取り入れたとも考えられるが、他の事例報告の自宅結婚式とは異なるため、彼女は都会で芸者の修業の過程で水嶋流の婚礼式と礼法を学んだようである。誰から学んだかは明らかではないが、水嶋流の礼法家から伝授された人によって学び得た知識の可能性が高い。

このように、英雄氏は水嶋流の新法式の特徴である夫婦盃の順番は、婿が先に飲むという他の婚姻式とは異なる法式で、自宅結婚式の采配していたのである。

床飾りについては、水嶋流の新法式では神を祀るが、庶民の家屋に床の間を造るようになったのは戦後しばらくたってからのことで、昭和三〇年頃というのは床の間はない家が多く、ましてや夫婦盃をとり交わすオクやヒヤの部屋には神を祀る場所はなく、水嶋流の特徴である分限に合わせた法式であろう。

部屋の上座・下座については、英雄氏の法式での親戚の三三九度は、嫁側は娘を頼む方だから婿側の親戚が上座に座り、宴席では客である嫁側の親戚が上座に座るというのは、石井泰次郎の上座・下座の厳格な座る位置の影響を受けている。ただし、香川県では「小笠原流」という言葉を耳にすることはなかった。石井の水嶋流の新法式は、〇〇流という権威付けのあるものではなく、芸者や料理人によってそれまでの地域のやり方をも受容しながら、儀礼性をもたせて庶民に浸透していったのである。

ちなみに親戚との盃事をする前に、指図する者が「お熨斗を差し上げます」と挨拶をするが、熨斗鮑の現物を確

写真3　昭和7年（1932）
新潟市行形亭所蔵の熨斗鮑①

写真4　昭和7年（1932）
新潟市行形亭所蔵熨斗鮑②

認できなかった。その他の地域の調査報告でも「熨斗を出して、歓びの挨拶をする」と報告されている

その熨斗飾りを石井泰次郎は弟子たちに教えている。次に、英雄氏が利用したものと異なるだろうが、水嶋流の長熨斗として紹介する。

## 五、水嶋流・石井泰次郎の熨斗飾り

石井泰次郎の日記によれば、新潟市の老舗料亭行形亭《いきなりや》の行形芳郎（一九一〇～一九九七）が、石井泰次郎から学び作成したと思われる熨斗飾りを紹介する。

熨斗飾りの箱書きには「昭和七年拾月吉日　行なり亭」と記されている。長さは約一メートル程のものが二種類あり、それぞれ本物の熨斗鮑を折形で包み、水引で飾り結びをしている（写真3、4）。調査時点で八〇年程前の古いものであるが、ほとんど傷みがなく、保存法の行き届いた長熨斗である。行形芳郎は昭和初期に石井から四條流の包丁式だけでなく、水嶋流の婚礼式、水引、熨斗飾りなどを伝授され卒業証書を貰っている。

石井の日記から、多方面へ教えに行き、弟子の数も多かったようであるが、特に優秀な弟子については名前も記録されている。その中の一人が行形芳郎である。

孫の和也氏（昭和一四年生）によれば、戦前のことはよくは分からないが、正月や料亭で婚礼式をする場合には床の間に、この熨斗を飾っていたという。戦後の記憶では、昭和三九年（一九六四）に結婚した時と昭和四五年（一九七〇）に広間を改築しての披露の際にも床の間に飾っていたそうである。

## 六、香西英雄氏の妻の場合

婚姻儀礼は大安吉日に行なわれることが多く、同じ日に複数の婚礼があった場合には、妻のアサエ氏（大正一四年生）も婚礼料理とともに儀式作法も取り仕切っていた。

夫婦盃のお酌から全ての采配をとったので、客から最初は「若いのに偉そうにして」と、陰口をたたかれることもあったが、宴会が進むにつれて「さっきはすまんかった」と謝り、指図通りにしてくれた。やがては先生と呼ばれるようになったという。アサエ氏は農家の生まれで行儀作法など習ったことはなく、夫の婚礼の仕事を手伝ううちに、シバヤマさんから儀式作法だけでなく礼儀作法も教えてもらった。地域では料理だけでなく、儀式も礼儀作法もよく知っている先生として、皆から尊敬される立場になったのである。これは会津でも指南者であったユルシトリが、「小笠原流」礼法を習うことは自らの生きる道を諭してもらうためであり、礼法が作法とともに人間性を育むものであったとの見解が示されており[16]、香川県高松市の儀式を采配する料理人にも似通ったことが認識されていた。

## 結びにかえて

香川県高松市の料理人香西英雄氏と妻アサエ氏は、水嶋流の新法式の婚礼式を芸者から学び、立ち居振る舞いとともに地域の婚礼式の采配をしていたのである。当時の高松市周辺地域の婚礼式の夫婦盃の順番は香西氏とは異なっていた。自宅結婚式の夫婦盃の順番は嫁が先の法式が多いなか、香西氏が学んだものは、水嶋流の新法式であった。

会津のユルシトリも、次章で述べる天童市の差配人も男性であるが、香川県での芸者は女性であった。とはいえ、芸者は女性だからといって軽視されることはなく、また、アサエ氏も儀式や宴会が順調に進むにつれ、客から認められたということを考え合わせ、また、調査時の筆者への丁寧な応対ぶりからも、客からその人間性が認められ、客から受け入れられたのではなかろうかと推察できる。女性の料理人は年齢差や性差といったジェンダーの問題ではなく、水嶋流の礼法を学ぶことで自信を持つことが出来、手伝人や客を誘導していく指導力とかつ人間性が認められたからこそ受け入れられたのである。

本章では石井の日記を元に、芸者から地方の料理人に伝わった婚姻儀礼の儀式をみてきた。他にも、昭和八年二月二三日の日記には、高島屋が儀式部を新設したために、店に出る弟子に婚礼作法と飾り方の教えてほしいと頼みに来ているとの記述がある。昭和一一年（一九三六）の新年には、三越のデパートでも婚礼式の展示の指示を行なったという記述があり、また、通信教育の原稿も毎日のように執筆している。「料理稽古名簿」にも樺太・台北をはじめ各地の老舗料亭の息子たちが名前を連ねている。

次章でも、水嶋流の婚姻儀礼や礼法が都会だけでなく、地方にも影響していった事例を報告していきたい。

註

（1）「石井泰次郎日記」『魚菜文庫』慶應義塾大学図書館所蔵。
（2）原田信男　一九八九『江戸の料理史』中央公論社。
（3）竹内由紀子　二〇〇一「『宴会料理文化に表出された類型性と個別性」『国立歴史民俗博物館研究報告』第九一集六〇一～六一〇頁。
（4）増田昭子　二〇〇三「会津・只見町の小笠原流礼法巻物と民具」『民具マンスリー』第三六巻七号　神奈川大学日本常民文化研究所　一〇～一六頁。
（5）明田鉄男　一九九一（初出一九九〇）『日本花街史』雄山閣。
（6）西尾久美子　二〇〇六「伝統文化産業の事業システム―京都花街の事例―『Discussion Paper Series』神戸大学大学院経営学研究科。
（7）石井泰次郎　一九〇二『婚礼千代かゞみ』嵩山房。
（8）褥とは、座ったり寝たりする時に下に敷く敷物。使途により方形または長方形で、多くは布帛製、真綿包みとし、ときに藺の莚や毛織物の類を入れ、周囲を額と称して中央とは別の華麗な布帛をめぐらすのを常とした（『日本国語大辞典』）。
（9）芸妓とは、歌・舞踊・三味線などの芸をもって宴席に興を添えることを業とする女性。（加藤政洋　二〇〇五『花街』朝日新聞社）。
（10）酌婦とは、料理屋・飲食店で酒の酌などをして客をもてなす女性。京阪神地方では雇仲居《やとな》と称して同様のサービスが行なわれていた。芸妓のように三味線などの芸を披露する場合もあった（加藤政洋　二〇〇五　前掲註〔9〕書）。
（11）町芸者とは、町中に住んで営業する芸者。遊里に住む芸者に対していう（『日本国語大辞典』）。
（12）香川県師範学校他編　一九七八（初出一九三九）『香川県綜合郷土研究』復刻版　名著出版　五五四頁。

(13) 香川県師範学校他編　一九七八　前掲註（12）書。
(14) 高松市西部民俗調査団編　一九八六『笠居郷風土記』高松市民俗協会・高松市文化財保護協会。
(15) 松崎憲三他編　一九九五『日本民俗調査報告書集成　香川県編』三一書房　七六八頁。
(16) 増田昭子　二〇〇三　前掲註（4）書　一五頁。

# 第五章　謡の師匠に伝えられた水嶋流の婚姻儀礼
## ―山形県天童市の事例から―

### はじめに

現在の挙式形態はチャペル式に人気があるが、『昭和・平成家庭史年表』の「結婚式に関する調査」によれば、昭和六一年（一九八六）には神前結婚式が八三・八％を占めていた。(1) ところが、神前結婚式草創期の明治末期から大正期頃の東京では、上流階層の人々が挙げるものにすぎなかった。例えば、日比谷大神宮で神前結婚式を挙げ、その近くにあった帝国ホテルでは披露宴を行なうのが上流階層の人々のステータスであったという。ところが、大正一二年（一九二三）九月一日の関東大震災で、日比谷大神宮が倒壊して挙式ができなくなってしまった。帝国ホテルでは披露宴の予約客のために、急遽その頃東京で流行っていたデリバリー式の神式の永島式結婚式なるものを取り入れて、ホテル内で挙式を行なっていた。(2)

同じ頃、山形県天童市でも謡の師匠をしていた大地主A家の筆頭番頭村山専作が、「小笠原流」と永島流の婚姻儀礼の差配人と謡い方を頼まれていた。村山正市は高祖父専作（一八五六～一九二四）の残した史料に基づいて、『山形民俗』に「この地域の婚礼の儀―差配人の書付から―」を報告している。(3) ちなみに差配人とは、流儀を心得て婚礼の式次第を仕切る者のことを指す。

第一章では、近世においては庶民層には見られなかったものの、武家の婚姻では分限に合わせて水嶋流の法式が用いられていたが、幕末から明治にかけて水嶋流の礼法家である松岡明義が旧法式から新法式へと提案し、それが庶民層にも影響していることを明らかにした。

天童市においても、明治以降になると庶民にも水嶋流の婚姻儀礼と東京で流行っていた永島式結婚式が「小笠原流」や永島流の名で伝わったようである。それでは、天童市へはどのような経緯から伝わり、その法式とはどのようなものであったのであろうか。

## 第一節　水嶋流の概略と永島式の婚姻儀礼

本節では、水嶋流の法式の変遷と永島式結婚式の法式を述べる。

### 一、水嶋流の法式の変遷

再三述べているが、各流派による婚姻儀礼の相違が顕著に表れているのは、夫婦盃を飲む順番と床飾りである。天童市の法式が水嶋流の旧法式か新法式かいずれであるのかを分析するために、今一度確認しておく。

水嶋流では、幕末期頃までは旧法式の嫁が先に飲む法式をとり、略式の場合も嫁が先に飲む法式であった。ところが、明治期になると婿が先に飲む新法式へと変えてしまった。床飾りについても、幕末期頃までの旧法式では具体的な神を祀らなかったが、明治期には神を祀るという新法式へと変えてしまった。

ちなみに、天童市に伝わったものが水嶋流かどうかについては、村山専作の史料からは、どの系統の礼法家から学んだかが明らかではない。世間に流布していた水嶋流の法式が幕末から明治にかけて変化したため、本節では変化する以前の旧法式のものか、変化して以降の新法式が伝わったものかを検討する。
また、立ち居振る舞いの史料からは、天童市へは水嶋流の旧法式が伝わったとすれば、「時代が変わっても法式の基本は変えない」という小笠原流の法式と、現在一般に行なわれている所作とも比べて検討を加える。

## 二、永島式結婚式の法式

永島式結婚式とは、『婦人世界』と『近代庶民生活誌』などによれば、芝区神谷町で鰹節や鶏卵、砂糖を扱う結納物調達商を営んでいた永島藤三郎（一八七一～一九三五）が、明治四一年（一九〇八）に営業発展のために麻布区飯倉片町に永島式婚礼会結婚式介助部を設け、神主や巫女、雅楽奏者とともに儀式一式を大八車に載せて、個人の家や会館に出向いて神式の結婚式を執り行ったものである。その法式は、それぞれの流派の良い所を取り入れ、床飾りは伊邪那岐命、伊邪那美命、あるいは産土神や自分の信ずる神を祀り、神酒、コメ、塩などを供え、夫婦盃を飲む順番は婿が先に飲む法式をとり、分限に合わせて応用するなど[4]、当時の水嶋流・松岡明義や有住斎の法式を基にして創案された神前結婚式を、藤三郎がデリバリー式の神式の結婚式として考案したものである（神前結婚式についての結婚式については第二章参照）。

ところで、永島家の祖先については『結婚式幸せを創る儀式』によれば、御嶽山の神職もいたようであるが[5]、藤三郎の孫、勲氏（昭和一六年生）への筆者の聞き取りでは、永島家は仏教徒の家で、藤三郎は神職の資格をもっていなかった。勲氏の実父は、昭和一九年（一九四四）に亡くなり、史料も戦災で焼失してしまいよくは分からないが、母親が再婚して、永島の家名を継いだ義父が神職の資格をとった。その後、勲氏も子息も神職の資格を取得している。

また、本章の「はじめに」で述べた帝国ホテルでは、披露宴の予約客のために急遽、永島式結婚式を取り入れたが、その後、日比谷大神宮が遠くへ移転したため、昭和になって伊邪那岐命、伊邪那美命をまつる多賀大社（滋賀県）を館内に分祀して、ホテル内結婚式に力を入れるようになった、とその経緯を説明している。(6)ところが、穂積恵子は「永島式は永島藤三郎が明治四三年（一九一〇）に発案して多賀神社の祭壇一式を携えて各所を訪れ、式を挙げてまわったもの」(7)と述べている。穂積のいう永島式が、初めから多賀神社の祭壇一式を携えたものなら当時の史料にあるはずであるが、管見のおよぶ限りでは見当たらない。

筆者には、帝国ホテル側が後に多賀大社の祭神を入れたのであって、永島式が初めから多賀神社の祭神を携えて帝国ホテルなど各所をまわった、という穂積の記述には疑問が残る。

ともあれ、永島式結婚式は新聞広告や日英博覧会にも美術写真が出展され、華族会館、東京会館、築地精養軒、上野精養軒、水交社（築地）、如水会（神田一ツ橋）、偕行社（九段）、東京ステーションホテルなどにおける結婚式でも用いられており、かなり評判をとっていたようである。

当時の神宮奉斎会の神前結婚式でも、式に必要な一切の器具を常備して貸与する方式をとり、永島式はそれに倣ったようであるが、『時事新報』によれば、水嶋流・石井泰次郎が、「献産屋風情が礼式なぞ何うして解るものか」と批判した。それに対して藤三郎は「頭から叱られましたけれど、礼式抔は机の上の研究よりも常々実地其事に当る者の研究が却って適切であろうと思ひ遂に一の新式を案出しました」(8)と、身分不似合いではあるが自身の名前つけて、商売繁盛のために発案したと反論している。

# 第二節　山形県天童市に伝えられた婚姻儀礼

## 一、地理的歴史的概況

山形県天童市は県中央部に位置し、交通の便に恵まれ、将棋の駒の生産は全国の九五％を占める。天童市総務部総務課の統計報告によれば、村山正市の曽祖父専之助（一八七七〜一九四六）が差配人をしていた頃の大正一四年（一九二五）には、人口三万五四二八人、五八三四世帯であった。

『山形県の地名』によれば、歴史的には、現在の天童市内の村々は近世には頻繁な藩主・藩領の交替により、各藩領・幕府領が入交じり錯雑した領有形態となっていた。小藩の天童藩は常に財政的に困窮しており、家臣に対しては俸禄の引割制（減額）を実施したので下級家臣の生活は窮迫し、家中衆の内職から将棋の駒の製造が始まったと伝える。明治四年（一八七一）七月天童藩は廃止され、明治二二年（一八八九）の町村制施行により東村山郡天童町、成生村、蔵増村、寺津村、干布村、高擶村、北村山郡山口村、田麦村が成立する。山形市大字山寺には天台宗、慈覚大師によって開かれたと伝えられる山寺立石寺があり、天童市山元には花笠音頭にも唄われる縁結びの観音として有名な鈴立山若松寺がある。(9)

この地方では婚礼のことをムカサリといい、両寺とも未婚の死者の供養を目的に祝言の場面を描いたムカサリ絵馬が数多く奉納されている。松崎憲三によれば、この種の絵馬は明治中期以降見られるようになったもので、死者と架空の相手といったペアに加え、二組の仲人と男蝶・女蝶、そして謡を唄っている差配人を描くのが古い型だという。(10)このことからも、この地方の婚姻儀礼においては差配人が、いかに重要かが理解される。

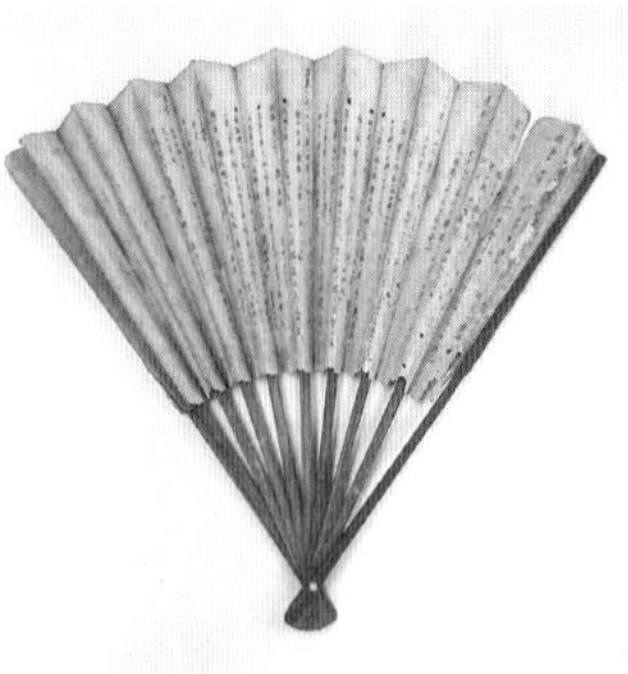

写真５　村山家所蔵の扇子

さらに、この地方の民俗の特徴についていえば、昭和四〇年頃までの男性の一人前の条件としては米一俵背負う、一升餅を食べる、お山まいり（出羽三山まいり）などだけでなく、小謡が謡えることも重要だった。小謡は契約講や新年会、花見、長寿祝いや上棟式などにも欠かせないものである。特に、家の跡継ぎの長男や大工棟梁、酒造杜氏などには必要なこととして、青年学級や成人大学でも小謡の教室が開かれていた。つまり、この地方では、小謡が生活と密接に結びついていたのである。

次に、村山正市への聞き取りと村山家の扇子に記された史料から報告する。扇子の表と裏に水嶋流の伝授経路や婚礼作法、および立ち居振る舞いが記されている（写真５）。この扇子は、謡い方や差配人をする時に使用するため、傷みが激しく文字は判読できなかったが、村山家が以前に書き写したものを見せてもらった。

## 二、村山家の水嶋流の伝授経路

村山家は正市の高祖父だけでなく、曽祖父の代まで五代にわたり、江戸時代初めに天童市高擶へ移転してきた大地主A家の番頭、あるいは自作農や地主たちから選出された筆頭番頭を務め、分家はその補佐として添え役を務めていた。なお、曽祖父専之助の代までは専作を名乗っていた。

天童藩は錯雑とした領有形態のため、A家は天童以外にも館林藩や佐倉藩にも土地を持ち、天童・館林・佐倉間を行き来していた。近世の上流階層の人々は、武士から作法を習うことが多く、史料によればA家の当主は天保一四年（一八四三）に生まれ、安政五年（一八五八）に「小笠原流」を総州佐倉藩士山口徳隣から学んでいる。明治一二年（一八七九）には戸長、同一四年（一八八一）には神宮教神風講社取締役[11]なども歴任している。

高祖父専作は、Ａ家の筆頭番頭として村内外七ヶ村の土地六五町歩を総括管理すると共に、檀那の名代としても慶祝事に当たることから、当主から水嶋流の婚姻儀礼や礼法の伝授を受けたのである。また、観世流梅若宗家流の謡曲の師匠としても村内、近郷に弟子が多かった。

曽祖父専之助が筆頭番頭であった大正一四年には、一郡八町村の小作人四〇〇〇戸をまとめ、謡の世界でも昭謡会を創設して二〇〇〇人の会員を指導していた。

祖父専五郎（一九一一～一九七五）も謡曲の師匠として、昭謡会の地域会の旭謡会を創設して、謡とともに庶流の「小笠原流」の婚姻儀礼と礼法を弟子たちに伝えている。正市の父（昭和一二年生）は、謡はしなかったが、昭和三五年（一九六〇）の自身の婚姻儀礼には、祖父の謡の弟子が謡い方と差配人になり水嶋流で挙げたことから、弟子たちに水嶋流の婚礼作法と立ち居振る舞いを伝えたことがわかる。ちなみに、正市も自身の結婚披露宴に謡を披露している。

次に、扇子に記された史料から法式をみていこう。

## 三、天童市の婚姻儀礼

史料の扇子は三本あり、それぞれ（1）村山家の水嶋流の祖について、（2）はその婚姻儀礼の法式、（3）は永島流の婚姻儀礼の法式に関することが、次のように記されている。

### （1）村山家の水嶋流の祖

信濃国小笠原流縫殿助弓馬の礼法、祖は清和源氏庶流八幡太郎義家舎弟新羅三郎義家と伝え、甲斐國信濃源氏嫡流小笠原荘官長清より小笠原と名乗る。

### （2）婚姻儀礼の法式

（　）内の小謡は、村山正市への聞き取りから筆者が付け加えた。

婚礼之儀　出入初　田作之蒔　嫁が仮祝言にて婿家へ入る、祝言当日ゲンサン　婿は門玄関より、他は戸ノ口から上がる。家上り前嫁両父母兄弟と祝酒を交す。

（御立酒[12]の小謡：猩々　よもつきじ万代までの竹……）。

（嫁が家を出るときに玄関での小謡：高砂　高砂や此浦舟の帆を上げて、月もろともに出汐の）

（婚家での荷物渡しが終わる時と、嫁が婚家の敷居へ足を上げようとした時に、玄関での小謡：高砂　波の淡路の島影や早や住の江に）

（家の中へ足をつけた時の小謡：着きにけり　着きにけり）

床飾り　高砂

参々九度盃事　式三献　檀那衆、家中衆、三宝に土器を三重ね、白土器を用ひゅ、

一同着座

口上　是より三々九度御盃事の取交しを略式を以って取り《ママ》行います。

壱盃　嫁盃取上げ三度内二度口つけ、三度目のむ、次に婿盃取り上げ三度でのむ、

次に嫁盃取上げのむ
（小謡：高砂　處は高砂の尾上の松も年よりて老いの波もよりくるや……名所かな
〔名所かなで三宝の盃を置き終わる〕）
弐盃　婿盃取り上げ二度口つけ三度目にのむ　次に嫁、次に婿
（小謡：高砂　四海波静かにて、風も治まる時つ風、枝をならさぬ……）
参盃　嫁盃取り上げ三度内二度口つけ三度目のむ、次婿、次嫁　次土器替へ朱盃を用ひゆ　一同着座　白盃と
同じでする。
白盃は夫婦盃にて白小袖、白袴にて行う。赤盃は夫婦披露盃にて赤小袖、留袖、紋付きにて行う。
（小謡：玉の井　長き命を汲みて知る　心の底も曇りなき……）
口上　是にて三々九度の御盃事滞りなく相済みおめでとうございます。

## （3）永島流の婚姻儀礼

神道家之場合　　明治四拾弐年正月写
祝之間床へ飾　床之間に伊弉諾命、伊弉冉命之神像掛　瓶子、銚子、三つ盃、合盃、提子、長熨斗三宝
夫婦盃事　土器、三宝銚子持婿の前江にて一盃一献、次嫁の前江進ミ一盃一献、婿の前江進ミ一盃一献、□二
献　嫁の前江進ミ一盃婿一献嫁の前進ミ一盃　二献、盃組直　参献　婿の前江進ミ一盃　嫁前江進ミ一盃差上
上納本酌□
天皇閣下　次皇后様の順にて神道家で取替わす

以上の史料から、高祖父の専作がA家の当主から学んだ水嶋流の祖は小笠原長清である。A家の当主の師匠山口徳隣が誰から学んだかは不明であるが、武士の伝書が強力な伝授活動によって庶民に伝わった水嶋流であろうか。

天童市の婚姻儀礼では、床の間には神は祀らず、めでたい高砂を飾る。夫婦盃の三三九度は、白盃で一の盃は嫁・婿・嫁、二の盃は婿・嫁・婿、三の盃は嫁・婿・嫁の順という嫁が先に飲む法式である。ただ、夫婦披露の盃には朱盃を用いるが、白盃と同じでする、となっており、夫婦盃も色直しの盃も女が先に飲むという法式をとっている。

表8で示したように、水嶋卜也の弟子たちの口伝書『婚礼聞書』（弘化四年）では、夫婦盃は嫁が先に飲むという法式ではあるが、神を祀るという記述はない。ところが、伊勢流を取り入れた水嶋流・松岡辰方の弟子の有住家での同年の法式は、具体的な神は祀らないが、神前で行なうというものであった。天童市の法式は、夫婦盃の順番についてはさして変わりはなかったものの、神を祀らずにめでたい床飾りになっていることから、天童市に伝わった水嶋流とは、松岡辰方のルートではなく、それ以前のものか、あるいは松岡家以外の別ルートの水嶋流ではないかと考えられる。

ちなみに、花嫁衣裳を白から赤に着替えてから夫婦披露の盃をするという史料は、小笠原流の陰の式である色直しと酷似しており、天童市では水嶋流の幕末から明治にかけて変化する以前の旧法式よりも、もっと旧い法式の水嶋流が伝わったものと考えられる（表8参照）。

一方、永島流の婚姻儀礼については、明治四二年（一九〇九）の写しで、床飾りには伊邪那岐命・伊邪那美命の神像を掛け、夫婦盃の順番は一献目が婿・嫁・婿、二献目は嫁・婿・嫁の順に飲み、次に盃を組みなおして三献目は婿・嫁の順で行なう。この法式は皇室と同じであるから、神道の家では用いるようにと勧めている。

これを東京の永島式結婚式と比較すると、法式は同じでも天童市では皇室と同じだから神道の家にと勧めていることが、特徴である。

次に立ち居振る舞いについて比較検討する。

**表8　流派と天童の婚姻儀礼の比較**

| №. | 年代 | 指導者（流派）地域 | 水嶋流○ | 場所 | 床飾り | 神 有○ 無× | 夫婦盃 | 男先○ 女先× | 特徴 | 出典及び調査 |
|---|---|---|---|---|---|---|---|---|---|---|
| 1 | 一七六三〜一七八四年（宝暦一三〜天明四） | 伊勢貞丈（伊勢流） | | | 伊弉諾尊、伊弉冉尊<br>置鯉、置鳥、二重折 | ○ | 婿→嫁 | ○ | 将軍家殿中礼儀作法 | 『貞丈雑記』一巻三・三七頁、二巻一八七頁 |
| 2 | 一八四七年写（弘化四） | 水嶋卜也之成<br>伊藤幸氏<br>伊藤隼太<br>（水嶋流） | ○ | 婿方の家 | 二重台・瓶子・置鳥<br>置鯉・銚子・提子<br>蓬莱の台・せきれい | × | 嫁→婿<br>婿→嫁<br>嫁→婿<br>＊色直しは婿が先 | × | 分限に合わせる | 『婚禮聞書』 |
| 3 | 一八四七年写（弘化四） | 有住松園翁<br>（水嶋流） | ○ | 自家 | ＊神前<br>瓶子・置鳥・銚子<br>奈良蓬莱・置鯉<br>三ツ土器・提子 | ？ | ＊相盃之式<br>一の盃　嫁→婿<br>二の盃　婿→嫁<br>三の盃　嫁→婿<br>＊色直しの式<br>婿→嫁 | ×<br>○ | 大名の婚儀 | 『風俗画報』一〇七号　一三〜一六頁 |
| 4 | 一八五八年（安政五） | 佐倉藩士<br>A家当主<br>村山専作<br>（水嶋流）<br>天童市 | ○ | 自家 | 高砂 | × | 白土器（夫婦盃）<br>嫁→婿→嫁<br>婿→嫁→婿<br>嫁→婿→嫁<br>朱土器（夫婦披露盃）<br>白土器と同じ | ×<br>× | | 村山家史料 |
| 5 | 一八六二年（文久二） | 小笠原清務<br>（小笠原流） | | 徳川家 | めでたい床飾り | × | 嫁が先 | × | 徳川家茂と和宮婚儀 | 『結婚の歴史』<br>『小笠原流』 |
| 6 | 一八八五年（明治一八） | 松岡明義<br>（水嶋流） | ○ | 自家 | 床の間に神座 | ○ | 一の盃：婿→嫁<br>二の盃：嫁→婿<br>三の盃：婿→嫁 | ○ | 講演<br>嫁婿のみで盃<br>親・仲人列席無し | 『玉篚』<br>「婚儀式」 |

| No. | 年代 | 指導者（流派）地域 | 水嶋流 ○ | 場所 | 床飾り | 神 有○ 無× | 夫婦盃 | 男先○ 女先× | 特徴 | 出典及び調査 |
|---|---|---|---|---|---|---|---|---|---|---|
| 7 | 一八八六年（明治一九）二月三日 | 有住斎（水嶋流） | ○ | | イザナギ・イザナミの尊 榊餅・神酒 | ○ | 三献の式 | ○ | 旧棚倉藩主家婚儀 各礼法折衷 | 『静岡大務新聞』明治一九年二月五日付 |
| 8 | 一八九六年（明治二九） | 有住斎（水嶋流） | ○ | 自家 | イザナギ・イザナミの尊 塩、鏡餅、鮮魚、野菜 神に供える道具 | ○ | 男先が正しい | ○ | 床盃否定 伊勢流が正しい | 『類聚婚礼式』 |
| 9 | 二〇〇四年（平成一六） | 天童市（水嶋流） | ○ | 自宅 | 神祀らない | × | 嫁が先 | × | 研修会 | 『しきたり』あまよばり塾 |
| 10 | 二〇〇三年（平成一五） | 小笠原清忠（小笠原流） | | 研修会館 | めでたい掛け軸 熨斗三方 | × | 白土器（夫婦盃） 嫁→婿→嫁 婿→嫁→婿 嫁→婿→嫁 朱土器（色直し） 婿→嫁→婿 嫁→婿→嫁 婿→嫁→婿 | × ○ | 基本変えない | 小笠原流研修会実際 |

## 第三節　天童市の水嶋流と小笠原流の立ち居振る舞いの比較

自宅結婚式は水嶋流のかなり旧い旧法式が伝わっていたことから、立ち居振る舞いについても水嶋流の旧法式が残存している考え、本節では法式の基本は変えないという小笠原流の立ち居振る舞いと比較検討する。

Aは村山家の史料を示したもので、Bは小笠原流の法式である。[13] □は判読できない文字である。立ち居振る舞いについては、①立つ姿勢、②座る姿勢、③跪座、④立ち上り方、⑤膝行膝退、⑥座礼、⑦物の持ち方である。

### ①立つ姿勢

A：立胴　胴はただ常に立たる姿にて退かず掛らず反まず屈まず、両足並行に並へ足先そろへ背腰伸す顎先を引く、重心は頭から土ふまず落とすよう、ふくらみをもち手指そろへる。丹田に気を入れ意気整す

B：踵を付けず両足を平行に踏むと身体をそらさずに立つことができる。手と腕は自然に下ろし、手は指先を揃えて小指を意識する。両手を身体の前で重ねない。重ねると注意力が散漫になる。

**②座る姿**

A：正坐　胴造り、腰から直に伸す　アクド《（かかと）》に体重りなきよう　両手は指を並へ腿の上に八字を自然に置く。足親指を重ね合せ下腹で気を整へる。正とは□□

B：手は腿の上に置き、指を揃え、手のひらを軽く窪みをつくる。頭を正しく胴体の上に据え背筋を真っすぐに伸ばす。重心は腿の中央にくるように意識する。腕は肩から自然に下ろし、肘を張らず、手の指は揃える。足は自然に寝かせ親指のみ重ねる。

**③跪座**

A：妻先《ママ》を折り立て、少し腰を浮せ、妻先を立てるが、其時片足ずつ立てる。左右の妻先は離さず、上体安体させ、足指内ハ鋭角に折り曲げる。

B：跪座とは跪いて座ること。正座で寝かせていた足を片足ずつ爪先を立てて跪座となる。両踵をしっかりしめて開かないようにする。膝頭を揃え、足首の角度を鋭角に保つ。

**④立ち上り方**

A：立上　妻先を折立て跪坐になる分だけ上体浮せ、片足つつ妻先を立て上体安定す下坐足を徐徐に踏み出し畳から少し立ち半歩踏み出す、踏み出し妻先に力を入れ立ち上る

B：正座で寝かせていた足を、片足ずつつま立てて跪座になる。両踵はきちんとつける。吸う息で片足を踏みだす。

⑤**膝行膝退**

Ａ：横畳一条程別離は両手を握り親指付立て、膝脇に置き膝頭より□前進なり

Ｂ：両手を身体の前方について船を漕ぐかのような身体を引き寄せて進む動作は行なわない。

⑥**座礼**

Ａ：禮法九品　ムカサリにては部屋入り指建禮、口上述べる時拓手禮を用ひ挨拶申上指建禮とは、坐す姿位から腿の上の手指先を畳に付き前傾　指を軽く伸し自然に膝脇に下す。拓手禮とは□　手首、膝頭に並ひ八字を投け□目上、儀式に用ひ□合掌禮　床の間、神前、佛前にては両手を付き肘も付け、胸膝同坐にて前傾、三角を作り低頭す

Ｂ：九品礼とは、目礼、首礼、指建礼、爪甲礼、折手礼、拓手礼《たくしゅれい》、双手礼、合手礼、合掌礼をいう。指建礼は、両手を腿の脇に下ろし、指先をつけ、上体を浅く屈する。拓手礼は肘が折れ、手が腿の横前に出てきた礼です。同輩に対する礼です。合手礼は、最も丁寧な深い礼です。両手の人差し指と親指同士がつき、かつ胸につくまで身体を屈する。

⑦**物の持ち方**

Ａ：盃合三宝持方　肩通りにて床の間より下し、盃をなす。

Ｂ：食品などを持つときは、吐息がかからないことが望ましい。腕が水平になる位置でもつ「かた通り」(14)。

現在一般に行なわれている所作とも比べながら、天童市の水嶋流と小笠原流との所作を比較検討する。の立つ姿勢は、現在一般には両踵を付けて足先を少し開き、手を前で重ねる人が多い。

ところが、水嶋流と小笠原流は、両足は平行にして立ち、重心はそらせずに手の指は揃える。他にも両流派がよく似ている所作は、②の座る姿、③の跪座の姿、④の立ち上がり方、⑦の物の持ち方などである。ちなみに、跪座とは、膝と足の指を床面に付けて尻は踵に乗り、上体は垂直である。

また、⑥の座礼の拓手礼でも、水嶋流では目上に対しての所作であるが、小笠原流では同輩に対しての所作でありよく似ている。

大きな違いは、⑤の膝行膝退である。天童市では両手を握り親指を付立て、膝脇に置いて進む。この動きは現在茶道でも用いられ、一般にはよく行なう所作である。ところが、小笠原流では手は膝の上において跪座の姿勢で前進後退する。足腰をかなり鍛えていないとできない動きで、現在一般にはあまりしないが、伝統芸能や時代劇ではよくする所作である。

以上のように、両流派の立ち居振る舞いは多少の相違はあるものの、小笠原流の所作と似ており、天童市では立ち居振る舞いについても、水嶋流のかなり旧い旧法式が伝わっていた。

村山正市は、高祖父・曽祖父から祖父へと伝授された謡と、このような立ち居振る舞いを小学生の頃に祖父から習っていた。例えば正座の所作では、手の指をすべてつけて、股関節の付け根にハの字に置く。左手はすぐ脇に出せるように、右手だけで扇子を持つことや袴への扇子の挿し方、ふすま戸、障子戸の開き方も教えられた。他にも素謡に関する作法も教えられ、現在でも正座の時は足の親指だけ重ねて座ると二時間は、この姿勢を保てるという。ただ、座って方向を変えるときは片足のみ立てて向きを変えるが、子どもながらにバランスをとるのが大変だったことを記憶しているという。ちなみに、この所作は小笠原流では座っての巡りという動きで、筆者も小笠原流の基本稽古では必ず行なうが、足首の柔軟性と足腰が鍛えられる。現代の人にとっては一般的でない動きだが、武道では重要な所作である。

このように、村山正市は謡だけでなく、水嶋流の旧法式の立ち居振る舞いも身につけている。

## 結びにかえて

天童市における「小笠原流」と永島流の婚姻儀礼は、大地主A家の当主が武士から学んだことを自分の家だけの知的財産にするのではなく、謡の師匠をしていた筆頭番頭の村山専作に伝授したことで、後の天童市の人々に大きな影響を与えることとなった。

自宅結婚式は、その法式から水嶋流のかなり旧い法式が「小笠原流」の名で伝えられ、永島流の婚姻儀礼は、水嶋流の新法式が伝えられていた。

庶民に伝わった水嶋流の婚姻儀礼の法式の変化については、第一章、第二章で分析したように、水嶋流の礼法家たちが幕末期頃までは床の間に神は祀らず、夫婦盃の順番は嫁が先に飲むという法式を、明治になって水嶋流の礼法家で神祇官でもあった松岡明義の講演の影響を受けて、神前で夫婦盃の順番も婿が先の法式へと変えてしまった。これが、他にも影響を与え、その法式が新聞や雑誌にも掲載され、柳田國男が指摘したように明治になって水嶋流の法式が変化して、庶民の婚礼作法に影響を与えたのである。ただし、天童市には水嶋流の変化する以前の旧来からの法式が伝授されていた。立ち居振る舞いについても小笠原流と酷似しており、現代の一般とは異なる武士の所作が伝わっていたようである。

永島流の婚姻儀礼については、東京では神前結婚式に代わるものとしての永島式結婚式が、天童市では神道家の自宅結婚式用として永島流の名で伝わっていた。ただし、皇室の法式と同じということにこだわったのは、A家の当主が神宮教神風講社取締役であったことと考え合わせると、山口徳𤇆とは別ルートで学んだとも考えられる。

また、神前結婚式については、水嶋流の礼法家の法式を基に創案したにも拘わらず、皇室の結婚式に則って発案したという神宮奉賛会には、神道と皇室を結び付ける意図があった。あるいは当時の新聞記事にもよれば、世間一般にはそう信じられていた（第一部第二章で分析）。しかし、当時の永島式結婚式についての史料には、皇室と結びつけるような意図は記されていない。ところが、天童市での永島流の史料にはその意図がみえる記述となっている。

伝統文化の稽古というのは本来口伝が主である。村山専作が扇子に書き記したのは、婚姻儀礼の儀式に間違いがないようにと、謡い方としても扇子を持ち確認しながら差配をしたためであろう。立ち居振る舞いについては、謡の弟子たちに教えるために書き記したもので、この扇子は庶民の記した貴重な史料といえる。

また、幕藩時代には天童市高擶に位置した地域では、現在でも活躍する「あまよばり塾」が、「結婚式礼の風俗・習慣について」の研修会を開いている。平成一六年（二〇〇四）の冊子によると、この地域では教会結婚式を除いた婚姻儀礼は、「小笠原流、永島流が基といわれている」[15]と記載され、専作の記した史料と同じ法式が、地域の人達に継承されていた。このことから、当主から伝授された専作も、その弟子たちも法式を変えることなく伝えたということになる。

将軍家の師範だったお止め流の小笠原流は、世間には広まらなかったが、天童市では分限に合わせて変化させる水嶋流の旧来からの法式が「小笠原流」の名で、謡の世界だけでなく、今でも地域の若者にも継承されている。また、水嶋流は分限に合わせて変化させるといっても、師匠から伝授されたものを弟子が勝手に変えることはなく、それを実際に行ない得たのは流派の権威と目された者だけであった。そのため、伝授された方式は変化することなく、現在まで伝わっているのである。

一方、永島式結婚式の発案者永島藤三郎が自らの名前を付けて流行らせたことを、石井泰次郎から批判されたのは、礼法家ではない藤三郎が勝手に自身の名前を付けて発案したことにしていることに対してであろう。藤三郎は商才に長けている人物のようである。天童市では神前結婚式としてではなく、神道家の自宅結婚式用にと永島流の名で伝わっていた。これも伝授を受けた人たちは法式を変化させることなく、天皇家と同じという権威付けをもって継承されていた。

最後に強調したいのは、天童市では謡は婚姻儀礼には欠かせないものであり、立ち居振る舞いと一体となって地域の多くの人々に伝授され、水嶋流の新旧の法式が現在に受け継がれているという点である。

註

（1）下川耿史　二〇〇一『増補版昭和・平成家庭史年表』河出書房新社。
（2）帝国ホテル編　一九九〇『帝国ホテル百年史』帝国ホテル。
（3）村山正市　二〇〇六「この地域の婚礼の儀—差配人の書付か—」『山形民俗』第二十号　山形県民俗研究協議会　二〇〜二四頁。
（4）中嶌邦　一九一〇『婦人世界』実業之日本社（婦人世界社）七〇頁。　南博編代表　一九九三『近代庶民生活誌』九巻　三一書房　三三三〜三五五頁。
（5）石井研士『結婚式幸せを創る儀式』日本放送出版協会　一三八頁。
（6）帝国ホテル編　一九九〇　前掲註（2）書　二八三・二八四頁。
（7）穂積恵子　一九八九「総合結婚式場の誕生◎現代日本の結婚式」『都市民俗学へのいざないⅡ情念と宇宙』雄山閣

二四五頁。
(8)『時事新報』一九一〇（明治四三）一月二七日付。
(9)平凡社地方資料センター編　一九九〇『山形県の地名』平凡社　三五〇・三五八頁。
(10)松崎憲三　一九九三「東北地方の冥婚についての一考察（1）―山形県村山地方を中心として―」『東アジアの死霊結婚』岩田書院　四三～四九頁。
(11)神宮教とは、伊勢信仰である伊勢講を母体とした教派神道の一派で、各地の講社は愛国講社などと称したが、明治六年（一八七三）一〇月に統一され神宮講社となる（國學院大學日本文化研究所編　一九九九『神道事典』弘文堂）。
(12)立酒《たちざけ》とは、嫁いだ嫁が二度と実家に戻ってくることのないようにと、嫁方の人達と花嫁が縁切りをする儀式で大きな茶碗に冷酒を注いで、客はそれを飲み干し、その茶碗を地面へ叩きつけて家に帰ってしまう（民俗学研究所編一九七〇（初出一九五五）『改定綜合日本民俗語彙』平凡社。
(13)小笠原清忠　二〇一二『武家礼法に学ぶ大人の作法』洋泉社。
(14)小笠原清基　二〇一四『疲れない身体の作り方』株式会社アスペクト　一一八～一一九頁。
(15)あまよばり塾編　二〇〇四『しきたり』あまよばり塾。

# 第二部　贈答儀礼と水嶋流

# 第一章　金封にみる水嶋流

## はじめに

第一部第三章では、明治期の水嶋流の礼法家たちが女性雑誌に寄稿した内容から、婚姻儀礼だけでなく進物を包む折形も数多く載せ、重要視していたことがわかった。この水嶋流の影響が、現在の一般の金封（お金包み）にも継承されているのではないかと予想されることから、本章ではその検証を試みることにしたい。

ところで、柳田國男が日本の文化を学ぶ外国人のために書いた「のしの起源」の中で、「永い間の習はしによって、今でも我々はノシを附けていないと、本当に物を貰ったような気持がしない」[1]と述べているように、日本では古くから贈り物に熨斗鮑を付けることを習慣としてきた。ところが、礼法を教えている知人が筆者に、「近頃、結婚のお祝い用の熨斗袋なのに、熨斗の付いていないのが売られているのはどうしてなの？」と、不思議そうに尋ねた。ちなみに、熨斗とは熨斗袋の右上に付いている菱形の飾りのようなものをいう。熨斗鮑の意味を知っている人にとっては、それが付いていない贈り物など考えられないのである。現代のお金包みから熨斗鮑が消えていくようになった要因には、水嶋流の礼法家たちの作法書の影響が少なからずあったのではないだろうか。本章ではその変遷の経緯を明らかにする。

平成一七年（二〇〇五）、博報堂生活総合研究所が『東阪接近』の中で、金封の色やデザイン、表書きについて調査しているが、熨斗鮑については触れていない。その調査結果は色やデザイン、飾り付けが華やかなファッション金封は、東京圏と阪神圏に相違はなく、関西式法事用の黄色と白の水引の金封[2]（表14―39）も東京圏の多くの店舗に置いてあるというものであった。[3]

ところが、筆者の聞き取り調査では、東京在住者の多くは、そのような金封は見たことがないという。販売店に尋ねると東京の人は買わないが、関西から来た人が買い求めるというものであった。また、金封の折形も東京には「たとう折り」（別名東京折り、表14―31）はあるが、「風呂敷折り」（別名大阪折り、表14―33）は見当たらないなど、地域差が認められるのである。[4] いずれにしても、現在市販されている金封には様々な種類のものがあり、書店に並んでいる作法書の贈答の項にも、必ず金封についての説明がある。

作法書の変遷については陶智子が、次のように述べている。[5]

近世に主流であった小笠原流礼法が学校教育に取り入れられる中で、実生活に必要とされる内容に変革する。一般にも小笠原流をとりながら実用書として出版され、西洋の影響もうけて、必要に応じて生み出される礼儀作法が昭和になり国家権力のもと基準が作られ、それまでの礼法が集約された。ところが、第二次世界大戦の敗戦後、国家レベルの礼法書が編纂されることなく、根幹となるものがないまま、さまざまな礼法書が百花繚乱のていをなしている。

今日の金封のデザインは、それらの作法書を参考に考案して、しかも消費者のニーズに合わせた多種多様なものが見られる。例えば『日経ビジネス』（平成一九年四月一四日号）には、愛媛県伊予三島市（現四国中央市）の株式会社大西水引では、常時三〇〇種類もの商品を作っていると紹介している。その結果、あまりの種類の多さに金封のデザインを考案する側も、それを消費する側も何を基本に考えれば良いのか分からず、混乱しているのが現状といえよう。

なお、金封という用語は『日本国語大辞典』にはない。しかし、お金包みに携わる業界では熨斗鮑が付いているか否かにかかわらず、また慶事の場合の祝儀袋も凶事の場合に用いる不祝儀袋も、全て金封と称している。本書でも、進物にお金を包むもの全てを金封と称することにしたい。

熨斗鮑については、一般には「のし」と称しているが、『貞丈雑記』などによると、本来熨斗とは、底の平らな焼物の容器に木の柄をつけた衣類の皺を伸ばす器具である「火のし」のことだという。また、熨斗鮑を略したものでもあって、熨斗鮑というのが正しい。また、鮑には蚫、鰒という字もある。そこで、本書でも熨斗鮑と表記し、引用文の場合はそのまま用いる。

## 第一節　研究史と課題

人との付き合いのなかで贈答は重要な儀礼の一つであり、どのようなときに誰に何を贈るかは時代とともに変遷している。伊藤幹治は『贈与交換の人類学』で、年中行事や人生儀礼における贈与と返礼をめぐる問題の分析を試みているが、[6]古くは有賀喜左衛門が信州上伊那郡朝日村の不幸音信帳を社会学的に分析したものがある。

有賀によれば、明治二〇年頃までは和紙が祝儀としてよく用いられていたが、それ以降は和紙に代わって手拭いや貨幣が過半数になったという。不祝儀においても貨幣の贈与は食料品に添える程度であったものが、漸次増加し

明治三二年（一八九九）には三一・五％を占めるに至ったと指摘している。(7)

また、石森秀三も下伊那郡上郷町の葬式見舞いは赤飯であったものが、文久元年（一八六一）頃から貨幣の使用が急増し、当時全体の六四・八パーセントであったが、昭和三六年（一九六一）には一〇〇％に達したと報告している。(8)

板橋春夫も群馬県伊勢崎市太田町の小暮家の葬儀と、年忌供養の贈答品から検討を試みている。それによれば、天保一〇～元治二年（一八三九～一八六五）の年忌供養の贈答品は主として米と貨幣であり、元治二年には貨幣が全体の五四・一パーセントになっている。また、文政一〇年（一八二七）の葬儀の際には、素麺などの贈答品が貨幣に換算して記録され、品物が貨幣価値として認識されている。(9)

このように、葬式の際の贈答は、時代が下がるにつれて貨幣が用いられるようになるが、葬儀の際の合力としての食料品が貨幣へと変化するには、どのような事態を生じさせているのだろうか、今後の課題であろう。いずれにしても昔は食料品や品物であったものが、現金を贈ることが多くなってきたのである。

一方増田昭子は、南会津の伊南村では近世中期から香奠は金銭が中心であって、その後米や酒、茶、豆腐などが少しずつ贈られるようになったと報告している。(10) この場合、再び金銭が香奠の中心になったのがいつ頃なのかは明らかでない。いずれにしても、このような民俗学での分析地域は農村や山村漁村に限られたものである。

それに対して森田登代子は、近世の都市の町人を対象とした分析を試みている。それによると、情や義理が複雑に絡むウエットな親類関係では金銭贈与が躊躇された。一方、奉公人との間の上下間を合理的に判別するには金銭が好ましく、商家では常に金銭が贈与され金額は職層に応じて定められていた。しかし、親類に対しては、金銭贈与はありえなく、僅かに祝儀の返礼として渡されるタメ(11)にのみ認められたにすぎない。そして香奠が物品から金銭

へと形を変えるのは、都市も農村も明治以降であると考察している。(12)

ところで、礼法による進物の包み方を「折形」(13)というが、この語がいつから用いられるようになったのかは定かでない。増田が報告している南会津の例でも「こんぶ折形」という語が、天明四年（一七八四）に初めて出ている。しかしそれは物品に用いられているのであって、金銭には用いられていないという。

兵庫県龍野市立歴史文化資料館の図録によると、平安末期から鎌倉時代にかけては、進物の場合の目録には紙を二つに折り、折り目を下にして用いた「折紙」というものが盛んに現れ、例えば「御太刀一腰」「御馬一疋」と書くが、実際には金銭を贈ることも多かったようである。図録には小さい紙で平面的に折り畳み、折り目の崩れをふせぐために、全て折り目の上から合印を押した雛形が載っている。これは見本であって現金だけでなく品物によっては立体的に包むことから、師匠から口伝を受けなければならない仕組みになっている。(14)

折形は、伊勢流では同じような形の品物には同じ包み方をするのが原則で二〇種余りしかないが、水嶋流では品物によって包み方を変えるので、この流派の普及により、明治・大正頃には一〇〇〇種類も考案されたというのである。現在市販されている金封は、それらを元にして考案されたと考えられる。本章では、金封がどのような変遷を経て、現在のような形式になったのかを明らかにする。

第一部第一章で明らかにしたように、小笠原流には近世・近代・現代と庶民に伝えた水嶋流と、庶民には伝えない小笠原流とがあり法式が異なるにも拘わらず、世間では同一の小笠原流と誤解されている。本章第三節ではまず、伊勢流を取り入れた水嶋流とはどのような法式なのかを伊勢流と比較して明らかにする。次に、小笠原流のお金包みとはどのようなものなのか、それと市販の金封を用いる民間の法式とを比較する。第四節ではその比較を元に作法書と対照させることによって、どのような形式のものから変遷をとげて、お祝いの金封に熨斗鮑が無くなっていったのかを分析する。そして平成一八～二〇年（二〇〇六～二〇〇八）に結婚祝いに贈られた金封も視野に入れて分析を試みたい。さらに、第五節では現在の金封のデザインを担当している人たちの聞き取り調査の結果も紹介する。

## 第二節　金封と水引・熨斗鮑の歴史

金封については、それが用いられるようになった経緯をトレースする。水引については、その起源と語源、製造法、使用例などの歴史について触れ、熨斗鮑については、起源と伊勢流の法式からみていく。

### 一、金封

贈物を包む和紙の折形や水引の結び方は、近世までは上流社会や富裕な人々の間で用いられるにすぎなかった。近代になると、女学校の教科書には必ずそれらが図示され、教育の一環に組み込まれて庶民層にも採り入れられるようになった。そして、それができることが女性の嗜みともされ、家庭では和紙を常備し、贈物は折形に包んで差し上げることが習慣となった。しかし、戦時中に出征兵士への祝儀だけでなく、戦死者への不祝儀としての香奠を包む機会が多くなるものの、水引の結び方や折形を知る庶民は少なかった。

一方、国家は戦時体制への移行のなかで、「国民礼法」という作法教育の強化を図り、文部省は侯爵徳川義親を委員長に「作法教授要項調査委員会」を設置し、「礼法要項」の解説書も数多く出版された。それは中等学校の礼法教育のためだけでなく、一般国民の日常の礼法の基準を示し社会的に広く迎えられた。その中の金封については、委員長の徳川が『日常禮法の心得』（昭和一四年刊）の中で「近頃熨斗も水引もだんだん省略されて熨斗紙、[15]熨斗袋のようなものができてきた。改まった場合や目上にたいしては用いるべきではない。[16]」と述べている。しかし、翌年の『家の光』一月号の「日常礼法読本　第五回」の贈答についての心得では、「のし紙、のし袋は改まった場合、及び目上の者にたいしては用いるべきではない。しかし戦時下においては物資を大切にする必要のあるときは、絶対に悪いことではない。時に応じて軽重をはかってもらいたい[17]」と、略式も認めている。『家の光』は農村向け大衆雑誌として、大正一四年（一九二五）に産業組合中央会から創刊され、昭和一〇年（一九三五）には一〇〇万部刊行されている。戦前の上流家庭向きの『日常禮法の心得』も初版からわずか二年の間に四七版も版を重ねていることから、略式とされる金封は庶民だけでなく上流家庭にまで広く国民に受け入れられたものといえる。この略式の金封について、教育作法に関する著書が多い甫守謹吾が昭和一五年の『現代国民礼法の常識』の中で、「印刷した熨斗等は略式である[18]」と、正式には熨斗鮑を添えるべきであると注意喚起している。

なお、「国民礼法」は戦争の終焉とともに崩壊したが、折形の略式のものとして考え出された金封は、戦時中には水引と熨斗鮑は印刷されたものであり、それを国家が国民に推進したことからも爆発的に売れ、戦後も冠婚葬祭を中心に人々の生活に定着していったのである。

## 二、水引

『日本民俗事典』の「熨斗・水引」の項には、贈答用品に水引をかけ、右上方に熨斗を貼る型が表れた時期については、古代の唐からの到来品に紐が結んであったのを真似て、紅白の麻紐で結ぶようになったと説く俗信があるが、それは誤りであると指摘する。また麻紐だけでなく藁縄も用いられていたという。[19]

『国史大辞典』には、神への捧げ物の作法が人への贈物の作法となり、水引で結ぶ以前は品物を布で巻き、それを麻緒で結ぶ形式であった。ところが、御幣の布や麻緒の紙への変化に伴い、麻緒から次第に紙縒(20)になり、進物には白紙をかけ紙縒の水引で結ぶようになった。この礼法が室町時代に盛んになり、江戸時代に形を整えられたと、説明している。(21)

礼法の流派については、『有職故実大辞典』の「水引」の項に、「近世、小笠原・伊勢・松岡などの流派で飾り結びが考案され今日に至っている」(22)と、流派による影響を指摘している。

つまり、水引で結ぶという贈物の作法の起源は神への捧げ物の作法からきており、品物を布に巻き、それを麻紐や藁縄で結んでいたものを、神へ捧げる御幣が紙へと変化したことに伴い、贈物を紙に包んで紙縒の水引で結ぶようになったのである。その結び方は礼法により様々である。

## 語源、製造、使用例などの歴史

水引の歴史を示す史料として、ここでは『古事類苑』の中の「三内口決」（室町時代末期、刊行年不明）、「雍州府《ようしゅうふ》志《し》」（山城国〔現京都である府南部〕に関する地誌〔一六八二〜一六八六年〕の原本）(23)、『貞丈雑記』（一七六三〜一七八四年に記した雑録を一八六三年編集刊）(24)、『守貞謾稿』（喜田川守貞が一八三七、一八五三年に編集）(25)、『倭訓栞《わくんのしおり》』（江戸後期の国語辞書一七七七〜一八八七年）(26)を参照する。

史料『古事類苑』（人部二　四七一）

「三内口決」　水引結物事

於禁中者、多分被用紙捻候、但懐紙短冊等ハ、白紅之水引、以一筋結之候、女房髪之水引、同前候、當時段々水引一向不用之候、半白ク、半紅ナル水引、白紅ト號シテ外様ニ用之、

結様事、中ニ可見用ノアルハ片鎰也、細々開見マジキ物ハ毛呂和那也、

又薄様ノ水引ハ、其紙ヲ捻候テ、面ト懐胞中ト倍トノ五色ヲ捻テ、五筋宛續之、十文字ニカラゲテ、裏ニテ、留之片鎰ナリ、

「雍州府志　七　土産」水引

元城殿之所製為始、近世兼康町八木某多造之、如今所々製之、其式杉原紙、或奉書紙、随紙之長短、幅一寸許直切之、以手指捻之、其長一尺餘、而暫浸米泔水、取起之以白布絞引之、故謂水引、日乾而後半塗臙脂、是謂是赤白水引、半白所為本、半赤所為末、以是括短冊結玄猪、其外括諸物、至近世則金箔、臙脂、鬱金汁、藍汁、段々彩之、而以箔細紙毎十條束之、是謂一把至百把或三百把、為婦人贄其剛堪結束諸物、又鳥子紙一枚、段々彩各色、細切不及捻而用之、是謂平水引、是又近世之製也、

史料『貞丈雑記』（二巻　二七〇）

「水引の事」　水引は、紙捻に糊水を引きたる故なり。「水引の紙捻」という事を「水引」と云うなり。色は白し。進物など結ぶには染めたるを用ゆ。

史料『貞丈雑記』（三巻　六二・六三・七〇）

「城殿包の事」　進物を紙に包む折形、いにしえは城殿という職人のする業なり。〈今も京都に城殿という職人あり、その末流なり〉。（中略）城殿は色々のかざり物をする者にてありし故、進物なども城殿に包ませけるなり。それをまねて手前にても包むなり。

「進物の水引の結び様」　進物を紙に包みて水引にて結ぶ事、ひらき物をば諸《もろ》わな〈両わなの事〉、丸き物はかたわなに結ぶなり。かたわなは、わなの方は、左端の方は右になる様に結ぶべし。

「水引の紅白の左右の事」　紅白の水引にて包物を結ぶ事。紅白の色、左右の定めなし。しかれども、結ばざる以前に、白を左にし、紅を右にすべし。白は五色の本なり。左は陽にて貴き方なれば、白を左になすべし。

史料『守貞謾稿』（第二巻　三七・三六）

水引ハ、京師城殿始テ製之。紙捻ヲ水ニ浸シテ、巾ヲ以テ引絞ル故ニ、名トスト云。又、相伝フ、水引ハ元来連歌ノ懐紙ヲ綴ル具也。連歌ハ、風情ヲ元トスナレバ、紙捻ヲ紅青黄ニ彩テ用フ。是ヲ、ヌリソロヘタル所、細川ニ秋ノ木葉ノ散シキテ、紅黄ノ葉ノ乱レテ、水ニ引ル丶、粧ヒニ、似タレバトテ、水引ト号ク。其始ハ、手前ニテ製シケルヲ、城殿是ヲ作リテ、始テ売物トセリ云々。守貞曰、官家武家等ノ贈物、献物等ヲ結ブニハ、金銀或ハ紅白等製異、又、甚長大ノ物アル也。今民間用、江戸ハマキ元結ト同製ニテ、細ク表ニ白粉ヲヌリ、半バ白半紅、コレヲ紅白ト用、専ラ用之。蓋、此紅ハ薄紅也。別ニ、白ト真紅ノ物アリ。俗ニ、クレナヒ水引ト云。濃紅ニシテ黒ノ如シ。京坂ニテハ、半薄紅半真鍮箔、是ヲ金赤ノ水引ト云。（中略）凶事ニハ半白半藍ヲ用フ。（中略）紅白以下ノ水引、各五條ヲ一把トス。

史料『倭訓栞』

「みづひき」 紙捻の水引も義同じ綵髻(27)を譯すもとハ城殿にて造る白の色なりしを後に赤を半にし青を半にせし也五色金銀なとの後世の事にして式掌にハ用ゐすといへり懐紙短冊女房の髪なとの水引も皆白紅一條也といへり女房飾抄にかもしの水引ハ四十歳より二條也と見ゆをとこ水引とハふときをいふ成へし物を結に内に見るへき用あるハかたわななり開きみましきものハもろわな也。

以上の史料は刊行年順と各史料の示す記述内容の年代順は必ずしも対応していないうえに、内容も重複していることから改めて整理することにしたい。

水引の語源は、紙捻を水に浸し引き絞るという製造法にちなむ説と、宮中で用いられていた連歌の懐紙を綴っている紅、青、黄色の紙捻が、小川で紅葉した木の葉が水に引かれているのに似ていることにちなむなど諸説ある。また、水引という語は紙捻に糊水を引いて造ることから、本来なら「水引の紙捻」というところを「水引」という。これは彩のある綵髻《あやもとゆい》と同じ製造法である。

製造法については、かつて宮中の内裏にあった細工所を城殿といい、その職の者が進物を包む折形を造っていた。紙捻の水引は自分で造っていたが、近世の京都では城殿の末流の者が水引を造り、売物としたのが始まりである。

近世には兼康町八木某が多く造り、一六八〇年頃には他の地域でも造るようになった。その頃の製造法は杉原紙や奉書紙を長短に随って幅一寸に切り、手の指で捻って長さを一尺あまりにする。それをしばらく米甘水に浸し、これを取り起し白布で絞り引く。それを乾かして、後に半分臙脂《えんじ》を塗ったものを赤白の水引という。

一八〇〇年頃の江戸では、マキ元結と同じ製造法（後述）で、細く表に白粉を塗り、半分薄紅色を塗ったものを紅白といい、民間では主にこれを用いた。別に白と濃紅色のものもあり黒色にも見える。これは世間一般にはクレナイ水引といった。また、近世には鳥子紙(28)一枚を各色に彩り、捻らずに細く切った平水引も造っていた。

使用例では、かつての宮中では白紅の水引には紙捻がよく用いられていた。この水引一筋で連歌の懐紙を綴ったり女官の髪を結んでいたが、やがて用いられなくなり、進物を結ぶのに用いられるようになった。なお、四〇歳以上の女性の髪を結ぶには二筋の水引を用い、太いものを男水引といった。

近世になると、公家や武家が進物や献上物を結ぶときには、民間とは異なった製造法の金銀や紅白、或いは極めて長い水引を用いた。京都や大阪では金赤の水引があり、凶事には半白、半藍を用いた。紅白以外の水引は五筋を一把とした。また金箔、臙脂、鬱金汁、藍汁などで彩り、箔の細い紙で十筋ごとに束ねたものを一把といい、百把あるいは三百把を女性への贄（土産）にした。これは諸物を結束するには丈夫であった。

紅白の色については古くは宮中では白紅の水引といったが、後に紅白と呼ばれるようになった。紅色は黒色にも見えクレナイ水引といって公家が用いた。赤白の水引は薄い紅色である。左右の色については、左の方は陽であり貴いから色の基となる白色である。五色金銀は後世に出来たもので、身分の高い者は正式の場合には用いないなどである。

その結び方は、中世までは五筋ずつを十文字に絡げて裏で留めて片ワナに結んだ。また内が見えるものには片ワナ結びに、少しでも開かなければ内が見えない物には諸ワナ結び（蝶結び）にした。近世になると、平たいものは両ワナ結びに、丸いものには片ワナに結んだ。まとめると次のようになる。

古くから宮中には白紅の水引があり、一筋で短冊や女官の髪を束ねていたが、やがてそれらには用いられなくなり、五筋のものを用いて進物を結ぶようになる。

近世の頃、初めは京都で杉原紙や奉書で水引が製造され、黒色にも見えるクレナイ水引を紅白の水引といい公家が用いていた。一方、薄紅色を赤白の水引という。そうして武家や富裕な人達の間でも用いられるようになったが、その本数は吉凶共に奇数を用い、結び方は中世には進物が見えるか否かで、近世には進物の形によって片ワナ結びか蝶結びに違えていたのである。

## 三、熨斗鮑

『日本民俗大辞典』によれば、熨斗鮑の起源は古代中国の束脩[29]だと考えられるが、日本では海の幸のアワビには不老長寿の伝説があり、古代から長生きを祝うめでたい食品とされてきたことから、それを添えて飾ることで長命を祈る祝福のしるしとなったと説明している。[30]その代用とするものもあったようで、『東京人類学會雑誌』には、「物を人に贈るときは、熨斗を用いる代わりに附木に鍋墨を指先につけ夫を附木につけて贈る。又は、ヽ、を墨以印し、代わりとするものあり。青物には熨斗の代わりに鳥の羽根を用いる。又は、ごまめを二疋添るとす。茶を紙包にして品物に添えるものあり。松の葉枝をのしとなすもあり」[31]と庶民の事例を報告している。

なお、柳田國男は熨斗鮑を付けない場合を三つ挙げている。その一つは贈物が魚鳥であるとき、二つには何か簡単な動物質の食料たとえば鰹節などが、既に贈り物に取添えてあるとき、三つ目には葬式法事などの精進の日、即ち所謂なまぐさいものを食べてはならない日の贈り物である。この約束は現在も堅く守られ、忘れてそんなことをすると少なくとも大いに笑われると諫めている。[32]

次に伊勢流の法式からも、その起源をみることにしたい。[33]

史料『貞丈雑記』（二巻　一〇〇）

「熨斗蚫の事1」　鮑を細く（削）ぎてほしたるをいう。今は「のし」とばかりも云うはあやまりなり。古「のし」とばかり云いたるは火のしの事なり。一説に、出陣の時は「うちあわび」と云い、帰陣には「のしあわび」と云うべしと云う。（中略）出陣には「打」と云い、帰陣には「のし」と云う。威勢を伸《の》すこころなり。

史料『貞丈雑記』（三巻　六三）

「進物にのし添ゆる事」　進物にのしを添ゆる事〈「のし」とばかりいうは非なり。古は「のしあわび」と云うなり〉、古は太刀・馬・鎧・鞍・鐙その外すべて進物に熨蚫《のしあわび》を添ゆる事はこれ無し。されば「のし包」という物もなし。のし蚫を進物に添ゆるは、後世のならわしなり。（中略）我が家に伝えたる熨蚫の包形は、京都将軍家の庖丁人大草流の、式三献の時、引渡しの膳にすゆるのし蚫の包形なり。今当世、進物に必ずのし蚫を添ゆる風俗なれば、当家にても世のならわしにそむきがたき故、のしあわびを進物にそゆる時には、かの大草流の引わたしの包形を借用ゆるなり。古は進物にのしあわびを添えざる事、古書を見て知るべし。

史料『貞丈雑記』（一巻　四二・四三）

「熨斗蚫の事」　祝儀に客人参会の時、のしあわびを三方《さんぽう》にすえて客人にすゆる事、手懸《てがけ》の心なるべし。古はのしあわびをすゆる事はなし、手懸をすゆるなり。手懸は五種のもり物あり、五色の魚類をけずりてもるなり。庖丁人の家にて拵え様あり。

「昆布の事」　昆布を祝の物とする事、昆布を昔は「ひろめ」といいし故なり。「ひろ」とははばの広きなり。

「め」とはすべての海草を云う。（中略）ひろめという名を物をひろめる儀に取りなして祝いに用いるなり。一説に「よろこぶ」という儀に取りなおして用いるとも云うなり。
〔頭書〕昆布は精進物にて肴の部に入らず。（中略）引渡の膳にも用うれども、祝の物なれども肴の部に入るるべからず。進物の時は用いざるなり。

以上の史料から、正しくは「のし」ではなく「のしあわび」といい、鮑を細く削いで干したものをいう。熨斗鮑を添えることとは長命を祈る祝福と、一説には帰陣することを「のしあわび」といって、威勢を伸ばし縁起がいいという意味がある。庶民はその代用として、松の葉や鳥の羽やゴマメを用いていた。古くは、進物に熨斗鮑を添えることも、熨斗包みもなかったが、足利時代将軍の料理を担当したのが始まりの包丁儀式の大草流（四條流の一分派）が、儀礼的な酒宴の際、三方に熨斗、勝栗、昆布などを載せた引き渡しの膳に鮑の包み形が用いられるようになったことから、後に世間でも進物に熨斗鮑を添えるようになる。そこで伊勢流でも大草流の法式を真似るようになったのである。

柳田國男は先の「のしの起源」の中で、葬式法事などの精進の日のなまぐさい物を食べてはならない日の贈物にはのしは用いないとしているが、実際現代でも仏事用の金封の多くは熨斗鮑を付けていない。

一方、昆布を熨斗として用いたものに「昆布熨斗」というのがある。古くは、昆布はひろめということから、祝いを広めるという意味があった。また一説には「よろこぶ」という意味もあるので祝いには用いる。ただし、精進物なので引き渡しの膳には用いるが進物には用いない。

ところが、飯田市の有限会社上田屋のし店では、熨斗は先様に差し上げるという意味もあり、精進物である昆布は亡くなった人にではなく施主に差し上げるという解釈から仏事用の熨斗と考え、デザインを考案し生産しているのである。

以上から「熨斗」とは鮑を干したものという熨斗鮑の略語であるため、本章では「熨斗鮑」を用いたい。ただし、資料の引用と話者の聞き取りでは、そのまま「のし」「熨斗」を用いる。

## 第三節　伊勢流・水嶋流・小笠原流と民間の法式

伊勢流の法式については伊勢貞丈の『包結記』(33)と『貞丈雑記』(34)から、水嶋流については有住斎が当時の水嶋流の家元とされていたので、雑誌『女鑑』(35)の「折形」の項からみていく。小笠原流については現代の法式を、一般に行われている民間の法式とを比較しながらみていく。

### 一、伊勢流の法式

「包記」（『包結記』Ⅰ　二四・二五・七八・九六）

一　およそ進物を紙にて包む事　高位の人はだんしを用ひらるるべし（中略）小き物小引合を用　其次は杉原を用ふべし　何れも紙一重ねに包むべし（後略）

一　包みたる物を水引にて結ぶ事　白紅の水引を用ふべし　高位の人は金銀の水引をも用らるべし　結び様丸き物をばかたわなに結べし（中略）ひらき物をば両わなに結ぶべし（後略）

一　包たる物に其物の名を書付る事はなき事也　包紙の内の物の名数いかほどゝいふ事は目録に書く也　其為

の目録なり

一　物を包むには其物の紙の外へ少見ゆるやうに両はしを出して包む物也　何とも見えぬ様に紙の内へ包みこむ

緒の結び様品々

一　こま結ひ又こまか結びと云は常のまむすひの事也又玉むすびとも云

一　もろわなといふは両方にわなをするを云也（後略）

一　あひおひ結むすび様　是をあはぢむすび　あふひ結びなど、云は非也　古書には皆アハビ結と有

箱物の緒の結びよう（『貞丈雑記』四巻　二二四）

箱の緒などを結ぶに、順逆あり。順を用うべし。逆は忌むなり。（表14―27）

## 二、水嶋流の法式

有住斎は『女鑑』四八号～五七号（明治二六年一〇月五日～明治二七年二月二〇日）に、昆布包みや扇子包みなどを寄稿し、その後一旦中断したものの、一三三号から再び寄稿し、一七五号（明治三二年二月二二日）までに数多くの折形を紹介している。その法式の特徴は次のようなものである。

一　折形は、何によらず、紙二枚にて折るべし。一枚にて折る事なし。

一　折形に真、行、草の三種ありて、真は上輩に用い、行は同輩に用い、草は下輩に用いるなり、至極の下輩、

又家来などへは、襞なしにもするなり。

一　折形に水引を懸くる事、折形の大小により、二把掛くる事もあるなり。婚礼の時は、花結、菊結、寶珠結の類、用いることあり。都て女房向へは、金銀水引を用いる、男子へは、白くれないを用いるなり。

一　紅白なれば、紅を我右に取り、白は左、金銀なれば、金を右にとり銀を左。青色なれば、青を右白は左なり。

一　真行草、熨斗包

のし鮑は二本、又は五本、折形大なる時は、十本入るゝ事もあり、皆水引を掛け、書付はなし、服紗、茶巾、煙草入包　水引かけて、書付あるべし　又水引なきものあり

## 三、現在の小笠原流と一般の法式

紙の枚数については、小笠原流では吉事には幸せが重なるようにと奉書紙を二枚重ね、凶事には不幸が重ならないように一枚で包む。市販のものは吉事・凶事共に一枚で、高額を包むときは中袋がついている。

折り方では、小笠原流は吉事には右前折り、凶事には左前折りであるが、市販のものは吉事凶事とも右前折りである。熨斗鮑は小笠原流では差し上げる物に添えるので、熨斗鮑を紙に包み水引の右に挟む。それに対して、市販の金封は右上に糊付けあるいは印刷されているか、熨斗鮑を模したものや熨斗鮑の入っていない包みだけのもの、なかには何も付いていないのもある（表15―市販）。

水引については、小笠原流での結び目は逆（表14―27）にして一度で結ぶ。これは結び直すことが出来ないことから封緘ともなる。その本数は吉事には奇数の本数を、凶事には元結二本を用いる。市販の金封は吉事には五本・

七本・九本の奇数を、結婚には五本のものを二束ということで一〇本用い、凶事の場合も五本・七本と奇数である。

表書きは、小笠原流ではお金を包む奉書紙を目録と考え、表を見ただけで何が入っているのかが分かるように、中央上部に〇〇料と書き、その下部に金額を書く（表14―28）。

なお、市販の金封にはその位置を指示しているのもあるが、そうではないものもあるため、アンケート及び聞き取り調査を行なった。調査対象者は二〇歳～八〇歳までの香川県在住者五三人と東京在住者一二人の男女六五人である。

その結果、金額の位置は金封の裏、或いは中包みに書くと答えた人が六二人、書かないという人が三人であった。その書く内容は小笠原流では品物の内容や数量を書くが、聞き取り調査では贈る人の気持ち、或いは贈る目的を表す「御礼」などと書く例が多かった。

例えば、小笠原流ではお礼の気持ちで菓子を贈る代わりに現金を贈ることから「御菓子料」と書き、その下部に金額を書く。名前の位置は小笠原流では中央を上位と考え、向かって左の下位に書くが（表14―28）、アンケート調査では中央の下部に書く人が六〇人、裏が三人、内包みが二人であった（表14―31参照）。

以上の伊勢流、水嶋流、現在の小笠原流と一般の法式を表9にまとめた。

紙の種類と枚数、折形については、近世の伊勢流では檀紙や杉原・小引合の紙を一枚用い、同じ形の物を包むには同じ折形をするが、水嶋流では二枚重ねで、相手の身分によって折形を変えるなど数多くの折形がある。小笠原流では奉書紙でたとう折りをし、吉事・凶事で紙の枚数と折形を違える。ところが、市販の金封は様々な用紙を用い、吉事凶事共に右前折りである。

表9　各流派と民間の金封の比較表（筆者作成）

| 項目 | ①紙の種類 | ②紙の枚数 | ③折形 | ④熨斗鮑 | ⑤水引の結び目<br>順：着物合わせ<br>逆：順の反対 | ⑥水引 | ⑦表書き | ⑧金額の位置 | ⑨名前の位置 | 参考文献及び筆者調査 |
|---|---|---|---|---|---|---|---|---|---|---|
| 近世の伊勢流 | 高位：檀紙<br>小さい物：小引合<br>杉原 | 一枚 | 同じ形の物は同じ折形<br>二〇種類余り | 熨斗鮑を包む<br>進物に添える | 順 | 平たい物：両わな<br>丸い物：かたわな<br>ま結び・あわび結び・蜻蛉結び<br>白紅の水引、金銀は高位の人 | 目録に書く<br>包んだ物に書かない | 品数は目録に書く | 目録に書く | 『包結記』<br>『貞丈雑記』<br>原本一八四三年 |
| 明治の水嶋流 | — | 二枚重ね | 真：上輩<br>行：同輩<br>草：下輩<br>襞無し：家来<br>一〇〇〇種類の折形 | 熨斗包みの折形<br>熨斗鮑は二・五・一〇本 | 順 | 女性：金銀、男性：紅白<br>婚礼：花結び、菊結び、宝珠結び<br>水引かける、無しもある<br>白左・紅右<br>白左・青右、金右・銀左 | 書付有り、無しもある | 書付有り、無しもある | 書付有り、無しもある | 『女鑑』<br>一八九三～一八九九年 |
| 小笠原流（弓馬術礼法小笠原流） | 奉書紙 | 吉事：二枚<br>凶事：一枚 | 吉事：右前折り<br>凶事：左前折り<br>たとう折り | 熨斗鮑を包む<br>水引に挟む | 逆 | 吉事と一般：奇数の本数<br>凶事：元結二本<br>正式：こま結び<br>略式：蝶結び | 中央上部に品物の名<br>〇〇料 | 表中央下部 | 表左下 | 筆者調査 |
| 現在の一般の法式 | 様々 | 吉凶共に一枚<br>高額には内包み | 吉凶共に右前折り<br>折形様々 | 右上に糊付け<br>様々なデザイン<br>祝い用に無しもある<br>仏事用に熨斗鮑付きも有 | 順 | 鮑結び基本に様々<br>吉凶共に奇数の本数<br>結婚：一〇本 | 中央上部に気持ち、目的<br>例：御礼 | 裏か内包み書かない | 表中央下<br>裏 | 筆者調査 |

【参考文献】
伊勢流：荒木真喜雄　二〇〇七『復刻 伊勢貞丈「包結記」Ⅰ翻刻・現代語訳集　淡交社
伊勢貞丈　一九八五『貞丈雑記』四巻（島田勇雄校注）（東洋文庫）平凡社（原本一八三四）
水嶋流：有住斎　一九九四『女鑑』大空社（復刻版　一八九三～一八九九）

熨斗鮑については、伊勢流と水嶋流と小笠原流では熨斗鮑を熨斗包みに包んで添える。一方、市販の金封には熨斗鮑が入ったものもあるが、熨斗鮑を模造したものや包みのみ、なかには何も付いていないものもある。

水引の結び目の合わせ方は伊勢流・水嶋流と市販の金封は順であって、小笠原流のみが逆である（表14―27）。結び方は伊勢流では平たいものは「両わな」（表14―13）に、丸いものには「かたわな」（表14―12）に結ぶが、水嶋流では数多くの結び方がある。一方、小笠原流では正式には「こま結び」（表14―28）をし、略式では「蝶結び」（表14―16）をする。

その本数も吉事凶事で異なるが、市販の金封には吉事凶事共に奇数の本数で様々な結び方をしている。

表書きについては、伊勢流では包んだものには書かずに書付に書くが、水嶋流では書付の有るものと無いものとがある。小笠原流と一般では包み紙に書くが、その書く内容や位置には相違点がみられる。

このように、水嶋流は伊勢流を元にして数多く考案しているが、小笠原流では「たとう折り」をし、「こま結び」か「蝶結び」である。ところが、市販のものには様々な折形と結び方があり、小笠原流とは随分とその法式に違いがあることが分かる。

以上のことから、現在の金封は小笠原流以外の影響を受けていると考えられる。そこで実際にどのような金封が利用されているのか、二〇〇六年から二〇〇八年までに結婚祝いを受け取った東京都在住者と香川県在住者との五例の聞き取り調査をしたところ、次のようなことが分かった。

結婚祝いの金封の使用については、表10にまとめた。折形については一三七の金封のうち、「たとう折り」は一一五（一〇・九パーセント）、ファッション金封は一二二（八九パーセント）あり、そのうち（表14―34）のような金封全体の折り方を熨斗包みにした形式が六三（五一・六パーセント）あった。熨斗鮑の入らない熨斗包みのみが付いている（表15―市販②）のような形式のものが七一（五八・二パーセント）、何も付いていないものが一であった（表10参照）。如何に熨斗鮑の入らない包みのみを右上に貼り付けた金封が多く市販され、利用されているかが分かる。

次に、作法書では金封についてどのように説明されているのか、その変遷をみていきたい。

表10　結婚祝いの金封使用表（筆者作成）

| 法式／年 | たとう折り（熨斗鮑付き） | ファッション金封 表7－①形式（結納金包み） | ファッション金封 熨斗鮑付き（模造品含む） | ファッション金封 表7－②形式 熨斗包みのみ | ファッション金封 熨斗鮑なし | ファッション金封 数 | 総数 |
|---|---|---|---|---|---|---|---|
| 二〇〇六年（香川） | 二 | 一五 | 一三 | 一七 | 〇 | 三〇 | 三二 |
| 二〇〇六年（東京） | 八 | 一一 | 一三 | 二〇 | 一 | 三四 | 四二 |
| 二〇〇七年（香川） | 三 | 一七 | 一二 | 一四 | 〇 | 二六 | 二九 |
| 二〇〇八年（香川） | 一 | 一七 | 一〇 | 一八 | 〇 | 二八 | 二九 |
| 二〇〇八年（東京） | 一 | 三 | 二 | 二 | 〇 | 四 | 五 |
| 計 | 一五（一〇・九％） | 六三（五一・六％） | 五〇（四一・〇％） | 七一（五八・二％） | 一（〇・七％） | 一二二（八九・〇％） | 一三七 |

## 第四節　作法書にみる金封の変遷

作法書を用いて分析するのは、前節で明らかにしたそれぞれの流派の法式と、市販の金封を用いた法式との間に相違点のあった紙の種類・枚数・折形・熨斗鮑・水引の結びに関してである。

表書きについては、書く内容と金額や名前の位置である。なお、本章では市販の金封が、何を参考にしたものかを明らかにすることを目的としているため、自分で紙を折って水引を結ぶ法式が説明されている作法書を分析対象とした。

近代から現在までには膨大な作法書が出版されているが、本章では水嶋流の影響を分析するため、水嶋流の影響のあった礼法家たちと庶民に大きな影響を与えたであろう学校教育などに携わった人たちの作法書、および教科書、雑誌等を分析対象とした。参照した作法書は表11に示した通り一二四冊である。

**表11　作法書一覧表**

| No. | 作法書 |
|---|---|
| 1 | 有住斎　一九九四（復刻版一八九三―一八九九）『女鑑』大空社 |
| 2 | 佐方鎮子・後閑菊野　一八九八『女子作法書　実習之部』目黒書房・成美堂 |
| 3 | 吉村千鶴　一九〇七『新撰小学作法書』元元堂書房 |
| 4 | 佐方鎮子　一九〇九『礼式と作法』博文館 |
| 5 | 甫守謹吾　一九二三（初出一九一六）『国民作法要義』金港堂書籍 |
| 6 | 錦織竹香　一九二六（初出一九二〇）『改訂　普通作法精義』六盟館 |
| 7 | 石井泰次郎　一九〇二『婚礼千代かゞみ』嵩山防 |
| 8 | 石井泰次郎　一九二一『奥儀図解　小笠原流折形と水引の結び方』和風会出版部 |
| 9 | 大妻コタカ　一九二六『実用作法新教科書』文光社 |
| 10 | 小笠原清明・村田志賀　一九二八『禮法教科書』上篇　冨山房 |
| 11 | 小笠原千代子　一九三一『小笠原流折紙と水引の掛方』上・下巻　太陽社 |
| 12 | 花月庵鶴友　一九四二（初版一九三一）『小笠原流　包結のしるべ』上・下巻　大文観書店 |
| 13 | 国民作法調査会　一九三四『文部省調査に準據　現代女子作法』小学館 |
| 14 | 女子教育社編　一九四九（初出一九三四）『現代礼儀作法全書』女子教育社 |
| 15 | 徳川義親　一九四〇「日常礼法読本　第五回　贈答についての心得」『家の光』一月号　産業組合中央会 |
| 16 | 甫守謹吾　一九四一『新制現代女子礼法』金港堂書籍 |
| 17 | 甫守謹吾編　一九四一『国民礼法要項』大光館書店 |
| 18 | 山根章弘　一九七八『折形の礼法』大和書房 |
| 19 | 小笠原清信　一九八九（初出一九七五）『日本の礼法』講談社 |
| 20 | 荒木真喜雄　一九九〇『日本の造形　折る包む』淡交社 |
| 21 | 高倉タマヨ　一九九〇『新しい女子礼法』柴田書店 |
| 22 | 小笠原忠統監修　一九九一『図解　小笠原流礼法入門（下）包み結び』日本文芸社（中央文芸社） |
| 23 | 小笠原清信監修　一九九四『完全図解　くらしのマナー全書』東陽出版 |
| 24 | 折形デザイン研究所　二〇〇七「新年の折形」『暮しの手帖』四世紀、三一号　暮しの手帖社 |

作法書1の有住斎の家は近世後期から水嶋流の系統の「小笠原流」の家元と位置づけられている。

作法書2と4の著者佐方鎮子は、女子高等師範学校教授として作法を担当している水嶋流の礼法家である。作法書3の『新撰小学作法書』は小学校の作法教科書である。

作法書5と15の著者甫守謹吾は高等女学校、師範学校、実業学校用国語教科書など教育作法の著作が多い。

作法書6の著者錦織竹香は奈良女子高等師範学校教授である。

作法書7の著者石井泰次郎は包丁式を行う料理の四條流の家元で、水嶋流の松岡家からも学んでいる。

作法書8の著者大妻コタカは大妻技芸学校長・大妻高等女学校長で、文部省所

表12　作法書における金封の変遷表（筆者作成）

| | （初出）刊行年 | 著者・著者の流派 | 著書名 | ①紙の種類 | ②紙の枚数 | ③折り方 | ④熨斗 | ⑤水引 | ⑥水引の結び目 順：着物の合わせ 逆：順の反対 | ⑦表書き | ⑧金額について | ⑨名前の位置 |
|---|---|---|---|---|---|---|---|---|---|---|---|---|
| 1 | 一八九三年〜一八九九年 | 有住齊・水嶋流 | 『女鑑』 | 高位の人：檀紙 | 二枚 | 左右に折り、上下裏に折り返す | 熨斗なし | 掛けるが、無しもある | 順 | 金銀包みに書付初めの襞に書く | 白銀何十両 銀子一枚 金何疋、銀子何々 | 書付に、無しもある |
| 2 | 一八九八年 | 佐方鎮子・後閑菊野・水嶋流 | 『女子作法書』 | 表裏異なる紅白・金銀 | 正式は二枚 略式は一枚 | 右前折り 万の物と同じ折形 | 半紙・糊入れ 杉原・奉書 | 白左、紅右 蝶結び | 順 | — | — | — |
| 3 | 一九〇七年 | 吉村千鶴・— | 『新撰小学作法書』 | 半紙・糊入れ 杉原 奉書：鄭重 | 普通二枚 | 品物：右前折り 金包み：三つ折り | 半紙・色紙 更紗紙 千代紙 水引に挟む | 金銀・金紅 弔事：黒右・白左 普通：紅右・白左 婚と凶：結び切 他：かえし結び・両輪結び | — | 吉事：寿、御祝儀 | — | — |
| 4 | 一九〇九年 | 佐方鎮子・水嶋流 | 『禮式と作法』 | — | — | 左前折り | — | 蝶結び上下逆 | — | — | — | — |
| 5 | （一九一六年）一九二三年 | 甫守謹吾・— | 『国民作法要義』 | — | 吉凶共に一枚を二つに折り重ねる | 吉凶共に右前折り上下を裏に折り返す | 魚鳥凶事には熨斗無し | 白左紅右、金左紅右 左銀右金 両輪結び 婚礼弔事：結び切り | — | 中央上部に品目、粗品 御禮、薄儀、寸志 御祝、御年玉、御餞別 右肩に進上、呈上 | 金額は内部 | 表左下部 中央下部 |
| 6 | （一九二〇年）一九二六年 | 錦織竹香・— | 『普通作法精義』 | — | 凶事にも内包み | 吉凶右前折り 略式・正式共右前折り | 正式：右に挟む 略式：右上に貼り付ける | 略式には掛けない 凶事：端下に垂れる 中央は赤の陽 白が掛かるのは陰 男女で異なる結び | — | 長上：右肩に小さく進上・呈上 上：神社仏閣 裏に〆 | 内包みに金額 〇〇円也 | 正式：表の左下部 |
| 7 | 一九二一年 | 石井泰次郎・水嶋流 | 『奥儀図解 小笠原流折形と水引の結び方』 | 奉書重ね 祝い：檀紙 大奉書 糊入れ | 金銀貨幣：下包みあり 紙幣：下包み無し | 図は右前折りだが 凶事は不明 | — | 水引かける もろわな結び 細結び 祝い：鮑結び 紅白水引 | 順 | 〇〇料 | 金〇〇円 | — |
| 8 | 一九二六年 | 大妻コタカ・— | 『実用作法新教科書』 | — | 婚礼二枚 凶事一枚 正式二枚 略式一枚 小さい物は一枚 | 吉凶共右前折り | — | 凶事：本式は白 | — | 例：呈上、松葉 お祝、寿 | — | 左下 |

| | | | | | | | | | | | | |
|---|---|---|---|---|---|---|---|---|---|---|---|---|
| 9 | 一九二八年 | 小笠原清明・小笠原流 | 『禮法教科書上篇』 | 半紙 二つ折り | 吉事：二枚 凶事：一枚 | 吉：右前 凶：左前 | 水引に挟む 略：貼熨斗 | 二、三、五、7本 凶事：白、仏事：下向き | 逆 | ― | 表中央下 | 表左下 |
| 10 | 一九三一年 | 小笠原千代子・水嶋流？ | 『小笠原流折形と水引の掛方』 | 半紙・糊入れ 正式：奉書 | ― | 吉凶とも右前折り 左前折り | 熨斗（鮑無し）折る | 奉書：金銀・紅白 杉原：赤白でもよい | 順 | ― | ― | ― |
| 11 | （一九三二年）一九四二年 | 花月庵鶴友・水嶋流？ ― | 『小笠原流包結のしるべ』 | 杉原・上質の半紙 一般：杉原 | | | | 赤白・赤金 白・黒白 奉書：金銀・紅白 | | | | |
| 12 | 一九三四年 | 国民作法調査会・― | 『文部省調査に準據現代女子作法』 | 大高奉書 半紙 | 吉時：二枚 凶事：一枚 | 吉凶共右前折り | 結婚熨斗鮑 普通は折り熨斗 | 凶事：黒白、銀白 紅（玉虫色）白 金銀・赤白 | ― | 寿、粗品、御祝 | 内包みに大きく | 正式：表左下 略式：中央下 |
| 13 | （一九三四年）一九四九年 | 女子教育社・― | 『現代禮儀作法』 | 奉書 糊入れ 半紙 | 左、右、上、下に折る | 吉凶共右前折り | ― | 凶：水引下向き | ― | 贈物の意味を記す 御祝、寿、香奠・品目の場合 そしな、いも、 | 包みの内部 | 中央下か左下 |
| 14 | 一九四〇年 | 徳川義親・― | 『家の光』 | 奉書 糊入れ | 二枚重ね 小さい：一枚を二つ折り 凶事：一枚 | 吉事：右前折り 凶事：左前折り | 凶事：のしなし | 婚姻凶事：結び切り 普通：両輪結び 水引は五本 | ― | 中央上部 | 内部 | 左下か中央下 |
| 15 | 一九四一年 | 甫守謹吾・― | 『国民礼法要項』 | ― | 婚礼：二枚 鄭重：二枚 凶事：一枚 小さい：一枚を二つ折り | 外表に重ねる 左、右と折る さらに上、下裏に折る 凶事：左前 | 凶事：魚、卵、海藻 鳥にはのしなし | 吉事：赤右左白 凶事：白一色、黒右白左 | 逆 | 中央上部：品目 御祝、進上、贈呈 | 内部 | 左下又は中央下 |
| 16 | （一九七五年）一九八九年 | 小笠原清信・小笠原流 | 『日本の礼法』 | ― | 吉事：二枚 凶事：一枚 | 吉事：右前 凶事：左前 | 凶事：のしなし | 本来結び切り 蝶結び遊び 凶事：二本、元結二本 右赤左白 凶事：右黒左白、白のみ | 逆 | 表中央上に品名 | 表中央下に数量 | 名札、名刺つける |
| 17 | （一九七八年）二〇〇三年 | 山根章弘・― | 『日本の折形』 | 小高檀紙、奉書 | 吉二枚、凶一枚 | 吉事：右前、凶事：左前 | 熨斗は別 | ― | 順 | ― | ― | ― |
| 18 | 一九九〇年 | 荒木真喜雄・― | 『日本の造形折る、包む』 | ― | ― | 吉凶とも右前折り | ― | ― | ― | ― | ― | ― |

| | (初出)刊行年 | 著者・著者の流派 | 著書名 | ①紙の種類 | ②紙の枚数 | ③折り方 | ④熨斗 | ⑤水引 | ⑥水引の結び目 順：着物の合わせ 逆：順の反対 | ⑦表書き | ⑧金額について | ⑨名前の位置 |
|---|---|---|---|---|---|---|---|---|---|---|---|---|
| 19 | 一九九〇年 | 高倉タマヨ・― | 『新しい女子礼法』 | 檀紙奉書：改まった 糊入れ：普通 略：半紙 | 吉事：二枚 凶事：一枚 略式：一枚 中包み：吉凶 | 吉事：右前折り 凶事：左前折り | 水引の右に挟む なまぐさにつけない | 五本 赤白、金銀 凶事：黒白、青白、結び切 婚礼：追いの波 | 逆 | ○○料 金○○円 | 表だが、裏でもよい | 目上には別紙 |
| 20 | 一九九一年 | 現代の惣領家流 | 『小笠原流礼法入門』 | 檀紙奉書 | ― | 吉凶共に右前重ねに折り、吉事は裏は下が上 凶事：下の折り返し下 | ― | ― | 順 | 目上：中央上部又は右肩に 御礼、御祝 一般：上中央 | 古くは内包み中央 現在は外包み裏下 | 左下 一般は中央下 |
| 21 | 一九九四年 | 小笠原清信監修・小笠原流 | 『完全図解 くらしのマナー全書』 | ― | 吉凶共に中包みあり | 吉事：右前折り、裏下が表 凶事：左前折り、裏上が表 | ― | ― | 逆 | 中央上部に○○料 | ― | 表左下 |
| 22 | 二〇〇七年 | 折形デザイン研究所・― | 『暮らしの手帖』 | 半紙 | 内包み | 吉：右前 凶：左前 | 熨斗鮑無し | 赤白・金銀 凶事：水引下向き・結び切 | 逆 | 中央上部に御祝 | ― | ― |

定の作法教授並びに東京・奈良両女子高等師範学校、付属高等女学校の教授細目等を参案し研究して著している。

作法書9の著者小笠原清明と作法書17と21の小笠原清信は、弓馬術礼法小笠原流の宗家である。

作法書10の著者小笠原千代子と作法書11の花月庵鶴友は「小笠原流」を名乗っている。作法書12は文部省調査に準拠したという女性向けの作法書である。

作法書13は女性が編集者の女子教育社出版の作法書である。

作法書14の著者徳川義親は、文部省が「作法教授要項調査委員会」を設置し、「国民礼法」の制定をめざしたときの委員長である。

作法書16と18は現代の金封のデザイナー達が参考書としている。

表 13　折形と結び方の変遷表（筆者作成）

| 作法書番号 | 著者 | | 流派・関係団体 | 関係団体 | 発行年 | 折形・結び | 万用包 | 熨斗包（鮑無し） | 黄金包 | 金銀包 | 銀子付紙 | 鹽包A | 鹽包B | 片わな | 両わな | 銚子飾りのひげ | 鮑結び | こま結び（ま結び） | 略式 | 祝い用熨斗鮑なし |
|---|---|---|---|---|---|---|---|---|---|---|---|---|---|---|---|---|---|---|---|---|
| — | 伊勢貞丈 | | 伊勢流 | | 一八四〇年 | | ● | ● | | | | | | ● | ● | ● | ● | ● | | ○ |
| 1 | 有住斎 | | 水嶋流 | | 一八九三年 | | ○ | ○ | ● | ● | ● | | | ○ | ○ | | ○ | | | ○ |
| 2 | 佐方鎮子 | 後閑菊野 | 水嶋流 | 学校教育 | 一八九八年 | | ○ | | ○ | | | ● | ● | | ○ | | | | | ○ |
| 3 | 吉村千鶴 | | | 学校教育 | 一九〇七年 | | | | ○ | | ○ | ○ | | | ○ | | | ○ | | |
| 4 | 佐方鎮子 | | 水嶋流 | 学校教育 | 一九〇九年 | | ○ | | | | | | | | ○ | | | | | ○ |
| 5 | 甫守謹吾 | | | 学校教育 | 一九一六年 | | | | | | ○ | | | | ○ | | | ○ | | |
| 6 | 石井泰次郎 | | 水嶋流 | | 一九二一年 | | ○ | ○ | ○ | ○ | ○ | | | ○ | ○ | ○ | ○ | ○ | | ○ |
| 7 | 錦織竹香 | | | 学校教育 | 一九二六年 | | | | | | | | | | ○ | | | ○ | ● | |
| 8 | 大妻コタカ | | | 学校教育 | 一九二六年 | | | | | | | | | | ○ | ○ | | ○ | ○ | |
| 9 | 小笠原清明 | | 小笠原流 | | 一九二八年 | | | | | | ○ | | | | ○ | | | ○ | | |
| 10·11 | 小笠原千代子 | 花月庵鶴友 | 水嶋流？ | | 一九三一年 | | | ○ | | ○ | | ○ | ○ | ○ | ○ | ○ | ○ | ○ | | ○ |
| 12 | 国民作法 | 調査会 | — | | 一九三四年 | | | | | | | | | | ○ | ○ | | ○ | ○ | |
| 13 | 女子教育社 | | — | | 一九三四年 | | | | | | ○ | | | | ○ | | | ○ | ○ | |
| 14 | 徳川義親 | | 産業組合中央会 | 国民礼法 | 一九四〇年 | | | | | | ○ | | | | ○ | | | ○ | | |
| 15 | 甫守謹吾 | | | 学校教育 | 一九四一年 | | | | | | ○ | | | | ○ | | | ○ | | |
| 16 | 小笠原清信 | | 小笠原流 | | 一九七五年 | | | | | | ○ | | | | ○ | | | ○ | | |
| 17 | 山根章弘 | | — | | 一九七八年 | | ○ | ○ | ○ | ○ | ○ | ○ | ○ | ○ | ○ | ○ | ○ | ○ | | ○ |
| 18 | 荒木真喜雄 | | — | | 一九九〇年 | | ○ | ○ | ○ | ○ | ○ | | ○ | ○ | ○ | ○ | ○ | ○ | ○ | ○ |
| 19 | 高倉タマヨ | | | 学校教育 | 一九九〇年 | | | | | | ○ | | | | ○ | | | ○ | ○ | |
| 20 | 小笠原忠統 | | 現代の惣領家流 | | 一九九一年 | | ○ | ○ | | ○ | ○ | ○ | ○ | ○ | ○ | ○ | ○ | ○ | | ○ |
| 21 | 小笠原清信 | | 小笠原流 | | 一九九四年 | | | | | | ○ | | | | ○ | | | ○ | | |
| 22 | 折形デザイン | 研究所 | — | | 二〇〇七年 | | | | ○ | | ○ | | | | ○ | | ○ | ○ | | ○ |
| 市販 | | | | | 二〇〇八年 | | ○ | ○ | | | ○ | | | ○ | ○ | ○ | ○ | ○ | ○ | ○ |
| 現在の呼称 | | | | | 二〇〇八年 | | | | | | たとう折り | | | | 蝶結び | 老いの波 | 鮑結び | 真結び | 風呂敷折り | |

〔注〕●は分析作法書のうち最初に載せてあったもの
・同じ名称で、図が異なる場合は各々の欄
・名称は異なるが、図が似ている場合は横の同じ欄

表14　折形と結びの図一覧表（筆者作成）

| | | | |
|---|---|---|---|
| 1 万用包<br>伊勢流<br>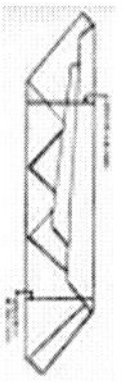 | 7 祝儀用紙幣包<br>小笠原千代子・花月庵鶴友<br>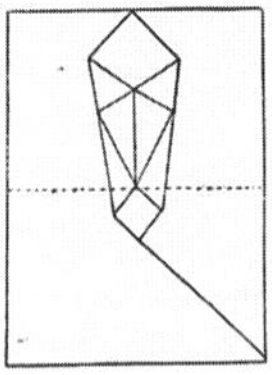 | 13 両わな<br>伊勢流<br> | 19 佐方の結び<br>水嶋流・佐方鎮子<br>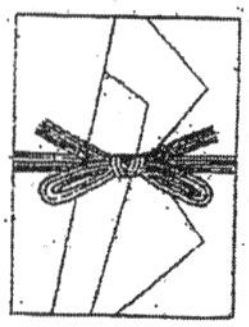 |
| 2 結納金包<br>小笠原千代子・花月庵鶴友<br>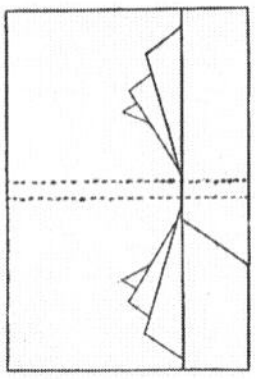 | 8 銀子付紙<br>水嶋流・有住斎<br> | 14 蝶結び<br>伊勢流<br>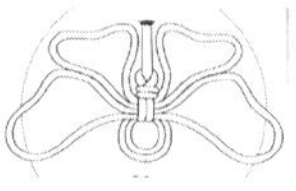 | 20 鮑結び<br>市販<br>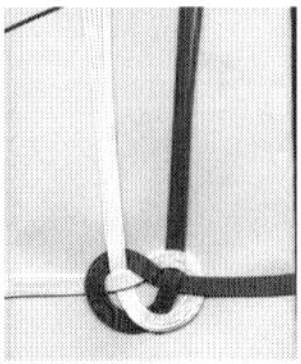 |
| 3 熨斗包<br>伊勢流<br>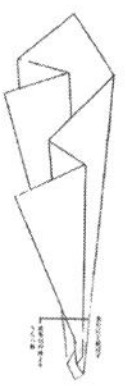 | 9 通用貨幣包（丙）<br>水嶋流・石井泰次郎<br>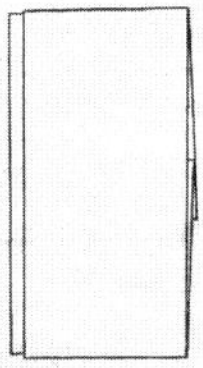 | 15 蜻蛉結び<br>伊勢流<br>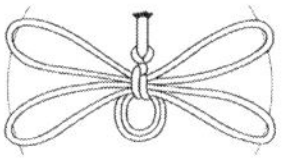 | 21 瓶子口飾の両わな結び<br>伊勢流<br>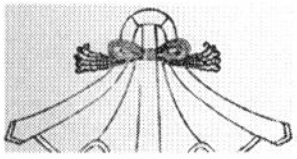 |
| 4 ごま鹽包<br>水嶋流・石井泰次郎<br>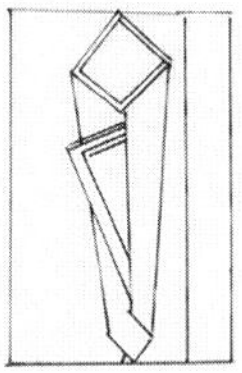 | 10 黄金包<br>有住斎<br>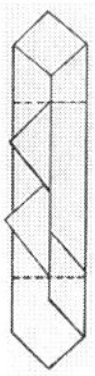 | 16 蝶結び<br>市販<br> | 22 銚子飾りの男蝶のひげ<br>伊勢流<br>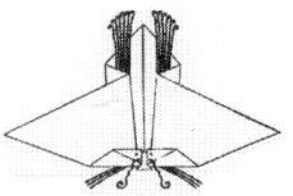 |
| 5 鹽包A<br>水嶋流・佐方鎮子<br> | 11 金銀包<br>水嶋流・有住斎<br>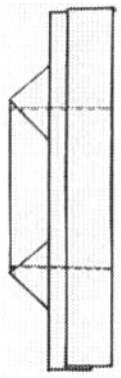 | 17 鮑結び<br>伊勢流<br>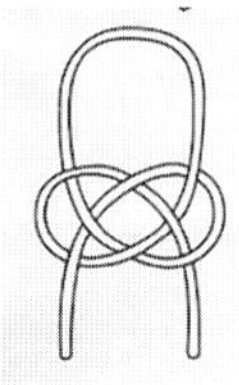 | 23 鮑結びに老いの波<br>水嶋流・有住の弟子<br>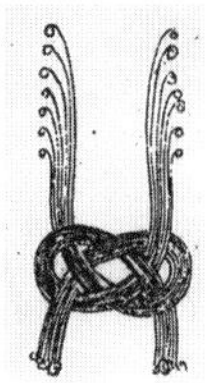 |
| 6 鹽包B<br>水嶋流・佐方鎮子<br> | 12 片わな<br>伊勢流<br>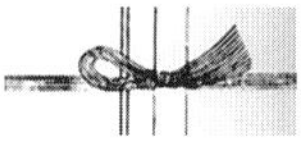 | 18 石井の鮑結び<br>水嶋流・石井泰次郎<br> | 24 こま結びに老いの波<br>水嶋流・石井泰次郎<br>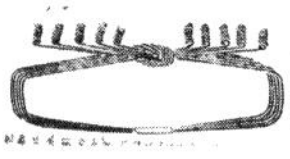 |

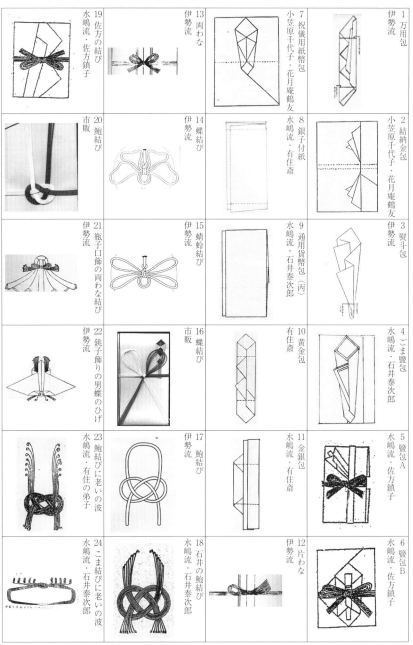

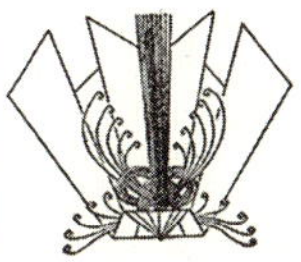

25 鮑結びに老いの波　小笠原千代子

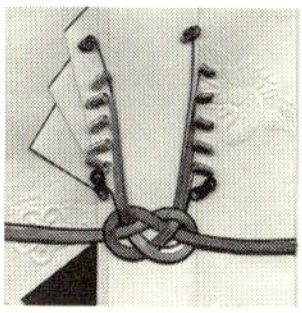

26 鮑結びに老いの波　市販

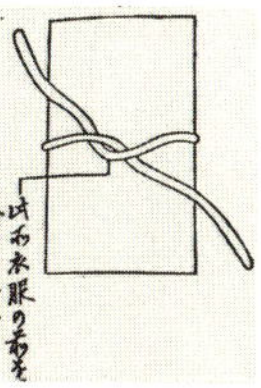

27 結び目　伊勢流

順

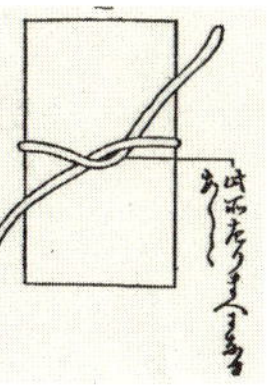

逆

28 小笠原流　吉事（右前折り）　凶事（左前折り）

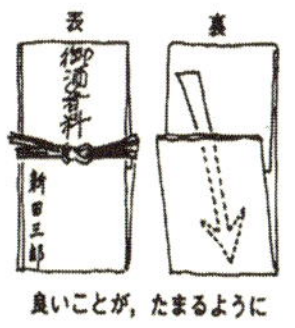


29 たとう折り　小笠原流　吉事（右前折り）

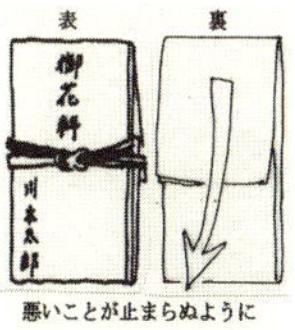


凶事（左前折り）

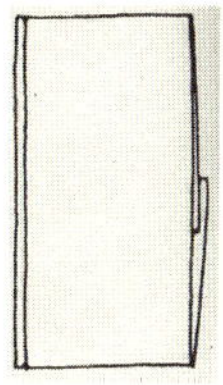

30 たとう折り　現代の惣領家流　吉凶共右前折り（表）

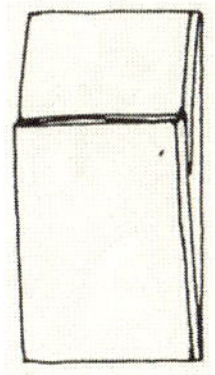

吉事（裏）

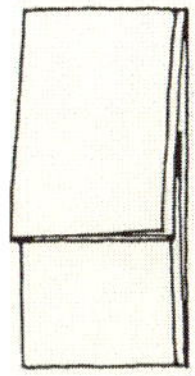

凶事（裏）

31 たとう折り・東京折り　市販　吉事（右前折り）

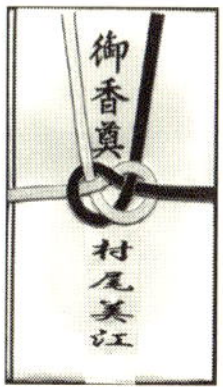


凶事（右前折り）

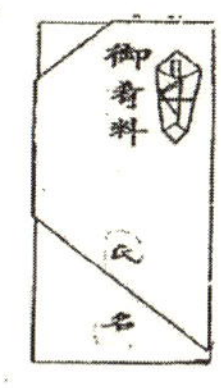

32 略式　錦織竹香　吉事（右前折り）

凶事（右前折り）

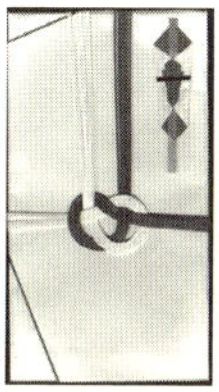

33 風呂敷折り・大阪折り　市販　吉事（右前折り）

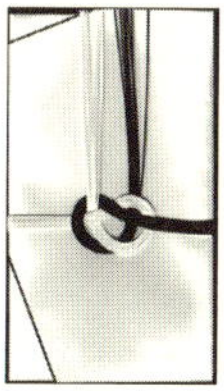

凶事（右前折り）

34 結婚祝い用　市販　熨斗鮑無し

35 凶事用　市販　熨斗鮑付き

36 結婚祝い用　市販　熨斗鮑の入らない包みのみ

37 見舞い用　市販　熨斗鮑無し

38 熨斗鮑を水引に挟む　市販

39 黄白の水引の金封　市販

注……折り線

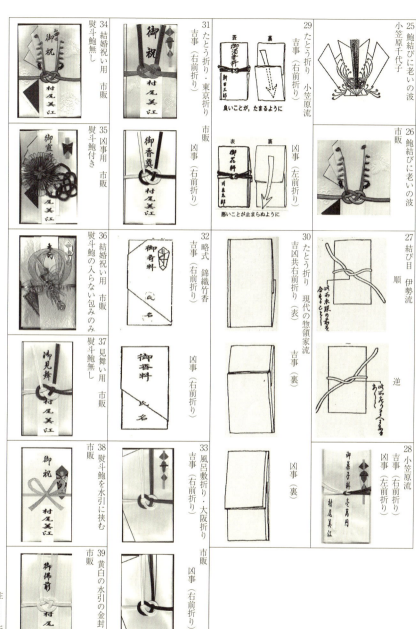

作法書19の著者高倉タマヨは、弓馬術礼法小笠原流の高弟で静岡県の私立藤枝明城高等学校が礼法の教科書として利用している。

作法書20の監修者小笠原忠統は、旧小倉藩主の第三二代当主で現代の惣領家流である。

作法書22は二〇〇七年一一・一二月号の『暮しの手帖』に載っている折形デザイン研究所の法式である。

限られた作法書や雑誌ではあるが、小笠原流の法式は一九二八年から現在まで基本的には変わっていない。それ以外の作法書についてみていくと、次のようなことが考えられる。

紙の種類は奉書紙だけでなく糊入れ、半紙なども用い、その枚数は吉事には二枚、凶事には一枚、又は正式には二枚、略式には一枚、或は一枚を二つ折りなどとしている。

折形は、吉事凶事共に右前折りが多い。熨斗鮑については、なまぐさ（魚鳥など）を贈る場合や凶事には付けない。水引の結び目については伊勢流の順の法式が多いなか、甫守謹吾（表11―5・15）、小笠原流の高弟・高倉タマヨ（表11―19）、折形デザイン研究所（表11―22）は逆となっている。

表書きは御香料・玉串料など、〇〇料と中身について書いたものもあるが、ほとんどは「御礼」など贈る気持ちを書くようにと指示している。

金額を書く位置は内部か内包みに、名前を書く位置は正式には左下であったが、現在は中央下へと変化してきている。これらは現在の一般の法式とさして変わりはないことから、作法書の影響があることが分かる（表12参照）。

次に、水嶋流の影響を分析するために、折形と結び方の変遷を表13にまとめた。作法書の最初に載せられていたものには●印をし、それを表14に図絵で表わした。分析内容は先の聞き取り調査で最もよく利用されていたファッション金封のうち、1では、熨斗鮑が付いていない折形の金封と熨斗鮑の入っていない熨斗包みのみを右上に貼り付けている金封、2では、従来からある「たとう折り」、3では、「風呂敷折り」と「結び方」についての変遷からみていきたい。なお、「たとう折り」については小笠原流も分析対象とした。図はそれぞれの作法書から引用したが、中には筆者が作図したものもあることを断っておきたい。

## 一、熨斗鮑無しの結婚祝い用金封

折形については、水嶋流の著者たちは伊勢流の黄金の他、色々なものを包んでよいという「万用包」を元にして多くを考案している。さらに、これを元に小笠原千代子と花月庵鶴友は「結納金包」を考案し、これらを現代の著者たちが参考にしている。この形式は折り上がりが華やかなためか、現在の結婚祝い用に最も多く利用され、なかには熨斗鮑が付いていないのもある。一方、凶事用として色違いもあり、その中に熨斗鮑の付いたものもある（表15―①参照）。

「表15―②」のような、熨斗鮑の入らない包みのみを右上に貼り付けるようになった変遷については、伊勢流も水嶋流・有住も熨斗鮑の説明はしているが、図は熨斗鮑の入っていない熨斗包みのことである。そして水嶋流・石井の「ごま鹽包」も熨斗鮑は入っていない。この形式は古く天保年間（一八三〇～一八四四）から、正式ではないが新作が次々できたという。

ところが、水嶋流・佐方鎮子の「鹽包B」は熨斗鮑が入っている折形である。この石井と佐方の融合したものを小笠原千代子と花月庵が、『祝儀用紙幣包』を考案し、それを現代の著者たちが引用している。

表15　熨斗鮑無しと熨斗包みの結婚祝い用金封の変遷表（筆者作成）

| 作法書番号 | 著者 | 流派 | 発刊年 | 用途 | ①熨斗鮑無し折形 | 熨斗鮑　有○、無し× | 用途 | ②熨斗包み（熨斗鮑無し） | 熨斗鮑　有○、無し× |
|---|---|---|---|---|---|---|---|---|---|
| — | 伊勢貞丈 | 伊勢流 | 一八四〇年 | 万用包 | 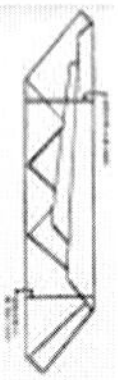 | × | 熨斗包 | 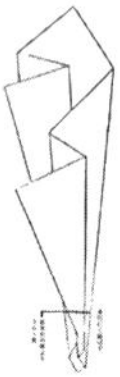 | × |
| 1 | 有住斎 | 水嶋流 | 一八九八年 | 猪子包 |  | × | 結納のし鮑包 |  | × |
| 2 | 後閑菊野　佐方鎮子 | 水嶋流 | 一八九八年 | 黄金他 |  | × | | | |
| 4 | 後閑菊野　佐方鎮子 | 水嶋流 | 一九〇九年 | 黄金他 | 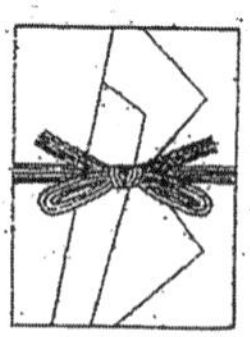 | × | 鹽包B | 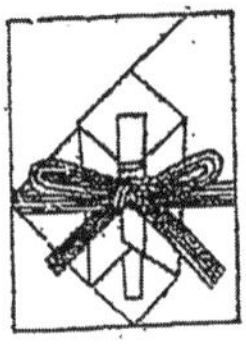 | ○ |
| 6 | 石井泰次郎 | 水嶋流 | 一九二一年 | 花粧水づつみ | 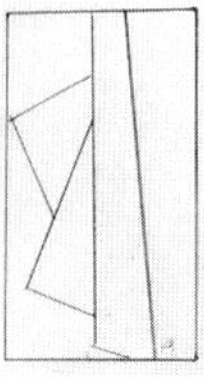 | × | ごま鹽包 | 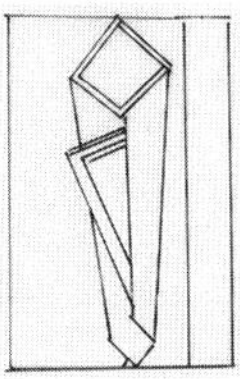 | × |

| 作法書番号 | 著者 | 流派 | 発刊年 | 用途 | ①熨斗鮑無し折形 | 熨斗鮑 有○、無し× | 用途 | ②熨斗包み（熨斗鮑無し） | 熨斗鮑 有○、無し× |
| --- | --- | --- | --- | --- | --- | --- | --- | --- | --- |
| 10・11 | 小笠原千代子<br>花月庵鶴友 | 水嶋流？ | 一九三一年 | 結納金包み | 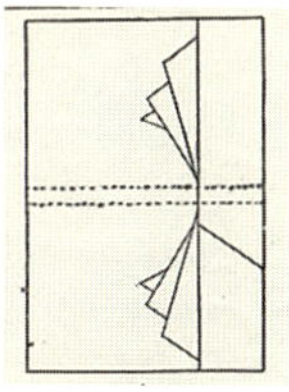 | × | 祝儀用紙幣包み | 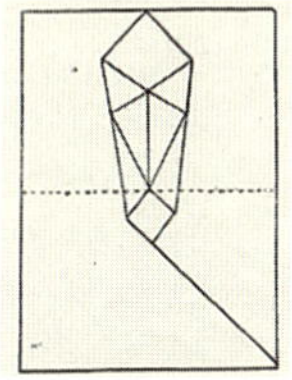 | × |
| 17 | 山根章弘 | ― | 一九七八年 | 沈香包み |  | × | 紙幣包み |  | × |
| | | | | 結婚祝い |  | × | | | |
| 18 | 荒木真喜雄 | ― | 一九九〇年 | 結婚祝い | 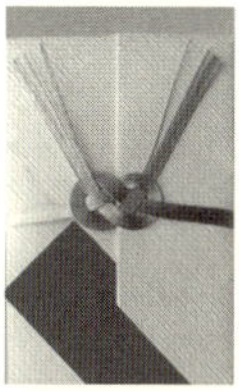 | × | こころづけ包み | 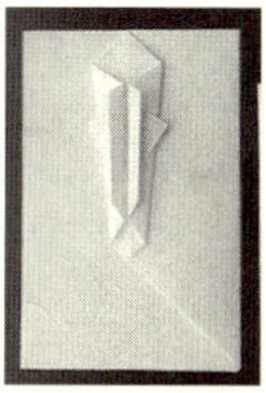 | × |
| 20 | 小笠原忠統 | 現代の惣領家流 | 一九九一年 | 結婚祝い | 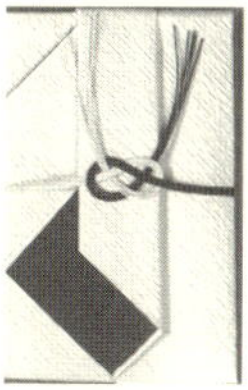 | × | 祝儀用紙幣包み | 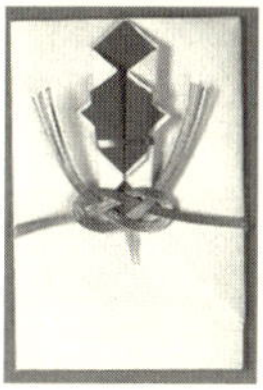 | × |

| 作法書番号 | 著者 | 流派 | 発刊年 | 用途 | ①熨斗鮑無し折形 | 熨斗鮑　有○、無し× | 用途 | ②熨斗包み（熨斗鮑無し） | 熨斗鮑　有○、無し× |
|---|---|---|---|---|---|---|---|---|---|
| 22 | 折形デザイン研究所『暮らしの手帖』 | — | 二〇〇七年 | 祝い用（金銀水引） | 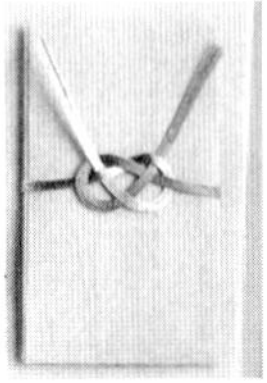 | × | | | |
| 市販 | 市販 | | 二〇〇八年調査 | 結婚祝い | 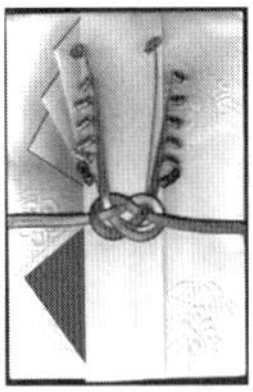 | × | 結婚祝い |  | × |
| | | | 二〇〇八年調査 | 凶事 |  | × | 右上の熨斗包み | 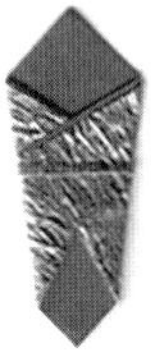 | × |
| | | | 二〇〇八年調査 | 凶事 | 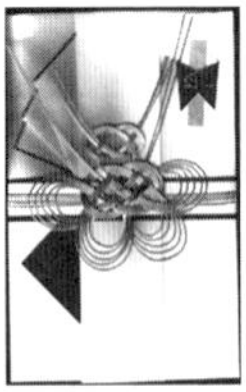 | ○ | | | |

注……折り線

現代の惣領家流にいたっては、それを「小笠原流」の折形としたのである。これがなおいっそう、正しい「小笠原流」の法式として信じ受容されたのであろう。現在、結婚祝い用の金封の半数以上にこの法式が利用されている。なお、現在の市販の金封の大半は「万用包」を元にした折形で、熨斗鮑の入らない熨斗包みを右上に貼り付けたものとなっている。

## 二、たとう折り

「たとう折り」は、水嶋流・有住の「銀子付紙」が元となっているのではないだろうか。当時は右前折りで上下を裏に折り返すが重なりはなく、吉事・凶事でも共通である。水嶋流・石井の「通用貨幣包（丙）」も右前折りをし、図では上下の重なりは上を重ねているが、その説明はない。

一方、小笠原流は吉事には右前折り、凶事には左前折りをし、裏の重なりも吉事・凶事で異なっている。裏の折り返しについて荒木は「十数年ほど前から包みの天を先に折り、地（底）をこれに被せるのが正しいとするのを、見聞きすることがあります。ですがそれは、封筒の封が閉じられていて底から書面やお金といった物を入れる理屈になります。私には不自然に見えますし、合印を刻した折形の雛形に見るのとも背反しています。」と、反論している。[36]それにも拘わらず、同じ形の物を包むには同じ折形をするという伊勢流の法式と、水嶋流・石井の折形と裏の折り返しは吉事・凶事で違えるという「小笠原流」を取り入れた現代の惣領家流の提示した法式が、現在最も正しいものとしてテレビや雑誌あるいは様々な作法書に受容されているのである（表13、表16参照）。

### 三、風呂敷折り

奈良女子高等師範学校教授の錦織竹香が、略式の折形として図示している。それ以降、高倉タマヨ以外はすべて吉事凶事共に右前折りであるが、出来上がり図はいずれも吉事・凶事で違えている。なかには内包みとして説明されたものもある。しかし、市販の吉事・凶事共に同じ折形というものを示した作法書はない（表13、表14、表17参照）。

## 四、結び方

「片わな」と「こま結び」（ま結びともいう）については、近世の伊勢流、近代の水嶋流、あるいは学校教育に携わった人々などから現在まで継承され、市販のものに利用されている。

「蝶結び」は近世の伊勢流と現在とでは、同名でも結び方は異なる。現代の「蝶結び」（表14—16）は近世には「両わな」（表14—13）といった。中世には包みを開かなければ見えないものを、近世には平たい物を包んだ場合の結びであったが、ほどいて結び直すことが可能なため、現在では出産祝いや何度あってもよい一般的な慶事に用いられている。

「鮑結び」は近世の伊勢流では紐結びとしてあり、結びの先は下向きであった（表14—17）。水嶋流・有住の弟子は、それを水引の結びに考案し、石井泰次郎もその法式である（表14—23・18）。いずれも飾り結びであって、現代のものとは少々異なる。

結びの先が上を向いているのは伊勢流の「蝶結び」や「蜻蛉結び」、水嶋流・佐方鎮子の結びにある（表14—14・15・19）。荒木真喜雄は『『御即位献上物使者勤方一件留帳』（一八四七年）の皇室の献上物に両輪結びの『上蜻蛉』の結びの先が上方にあがる結び方が喜ばれ、鮑結びの先が上向きなことも同じ意味でおおいに普及した[37]」と述べて

表16　たとう折りの変遷表（筆者作成）

| 作法書番号 | 著者 | 流派・関係団体 | 発刊年 | 用途 | 図 | 右前折り：○ | 左前折り：● | 裏の折り返し |
|---|---|---|---|---|---|---|---|---|
| 1 | 有住斎 | 水嶋流 | 一八九七年 | 銀子付紙 |  | ○ | | 重ならない |
| 3 | 吉村千鶴 | 学校教育 | 一九〇七年 | | 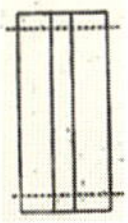 | | | 重ならない |
| 5 | 甫守謹吾 | 学校教育 | 一九一六年 | |  | ○ | | 裏に折り返す |
| 6 | 錦織竹香 | 学校教育 | 一九二〇年 | 吉事 |  | ○ | | ― |
| | | | | 凶事 |  | ○ | | ― |
| 7 | 石井泰次郎 | 水嶋流 | 一九二一年 | 通用貨幣包（丙） |  | ○ | | 説明無し |
| 9 | 小笠原清明 | 小笠原流 | 一九二八年 | 吉事 |  | ○ | | ― |
| | | | | 凶事 |  | | ● | ― |
| | | | | 普通 |  | ○ | | 上下後側に折り返す |
| 12 | 国民作法調査会 | | 一九四三年 | 吉事・普通 |  | | | ― |
| | | | | 凶事：一枚 |  | | | ― |
| 13 | 女子教育社 | | 一九三四年 | 凶事 |  | ○ | | ― |
| 14 | 徳川義親 | 産業組合中央会 | 一九四〇年 | 吉事 |  | ○ | | 重ならない |
| | | | | 凶事 |  | | ● | 重ならない |
| 15 | 甫守謹吾 | 学校教育 | 一九四一年 | 吉事 |  | ○ | | ― |
| | | | | 凶事 |  | | ● | ― |
| 16 | 小笠原清信 | 小笠原流 | 一九七五年 | 吉事 |  | ○ | | 下の折りを上に重ねる |
| | | | | 凶事 | 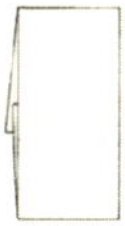 | | ● | 上の折りが上に重なる |

| 作法書番号 | 著者 | 流派・関係団体 | 発刊年 | 用途 | 図 | 右前折り：○ | 左前折り：● | 裏の折り返し |
|---|---|---|---|---|---|---|---|---|
| 17 | 山根章弘 | ― | 一九七八年 | 吉事 |  | ○ | | 下を上に重ねる |
| | | | | 凶事 | 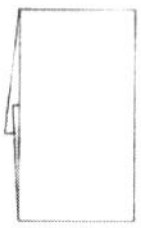 | | ● | 上を下に重ねる |
| 18 | 荒木真喜雄 | ― | 一九九〇年 | ― | 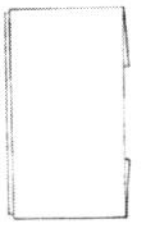 | ○ | | 重ならない |
| 19 | 高倉タマヨ | 学校教育 | 一九九〇年 | 吉事 |  | ○ | | 下の折りを上に重ねる |
| | | | | 凶事 |  | | ● | 上の折りが上に重なる |
| 20 | 小笠原忠統 | 現代の物領家流 | 一九九一年 | 吉事 | 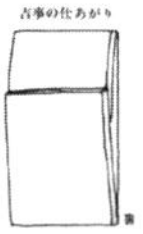 | ○ | | 下を上に重ねる |
| | | | | 凶事 | 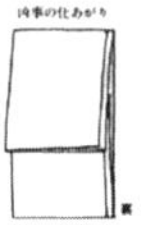 | ○ | | 上を下に重ねる |
| 21 | 小笠原清信 | 小笠原流 | 一九九四年 | 吉事 |  | ○ | | 下の折りを上に重ねる |
| | | | | 凶事 |  | | ● | 上の折りが上に重なる |

| 作法書番号 | 著者 | 流派・関係団体 | 発刊年 | 用途 | 図 | 右前折り：○ | 左前折り：● | 裏の折り返し |
|---|---|---|---|---|---|---|---|---|
| 22 | 折形デザイン研究所 | ― | 二〇〇七年 | 吉事 |  | ○ | | 説明なし |

| | | | |
|---|---|---|---|
| 市販 | 二〇〇八年調査 | 吉事 |  |
| | | 凶事 |  |

表17　風呂敷折り（大阪折り）の変遷表（筆者作成）

| 作法書番号 | 著者 | 流派・関係団体 | 発刊年 | 用途 | 図・写真 | 右前折り○ | 左前折り● | 熨斗鮑有：△ | 熨斗鮑無：▲ |
|---|---|---|---|---|---|---|---|---|---|
| 6 | 錦織竹香 | 学校教育 | 一九二〇年 | 吉事（略式） |  | ○ | | △ | |
| | | | | 凶事 |  | ○ | | | ▲ |
| 8 | 大妻コタカ | 学校教育 | 一九二六年 | 吉事 |  | ○ | | | ▲ |
| | | | | 凶事 |  | ○ | | | ▲ |
| 12 | 国民作法調査会 | ー | 一九三四年 | 吉事 |  | ○ | | △ | |
| | | | | 凶事 |  | ○ | | | ▲ |
| 13 | 女子教育社 | ー | 一九三四年 | 吉事 |  | ○ | | △ | |
| | | | | 凶事 |  | ○ | | | ▲ |
| 18 | 荒木真喜雄 | ー | 一九九〇年 | 吉事 |  | ○ | | | ▲ |
| | | | | 凶事 |  | ○ | | | ▲ |
| 19 | 高倉タマヨ | 学校教育 | 一九九〇年 | 吉事 |  | ○ | | | ▲ |
| | | | | 凶事 |  | | ● | | ▲ |
| | 市販 | | 二〇〇八年 調査 | 吉事 |  | ○ | | △ | |
| | | | | 凶事 | 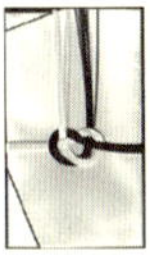 | ○ | | | ▲ |

表18　蝶結び（両わな）・片わな・真結び・鮑結び・老いの波の変遷表（筆者作成）

| 作法書番号 | 著者 | 流派・関係団体 | 発刊年 | 両わな | 片わな | 真結び（吉事・普通） | 真結び（凶事） | 鮑結び | 老いの波 |
|---|---|---|---|---|---|---|---|---|---|
| — | 伊勢貞丈 | 伊勢流 | 一八四〇年 |  |  | こま結び こまか結び ま結び 玉結び | | 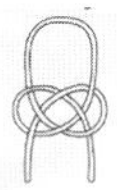 | 両わな結びに  |
| 1 | 有住斎 | 水嶋流 | |  | | | | 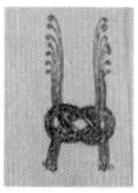 | 鮑結びに 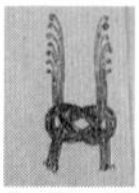 |
| 2 | 佐方鎮子 | 水嶋流 | 一八九八年 |  | | | | | |
| 3 | 吉村千鶴 | 学校教育 | 一九〇七年 | 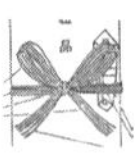 | | |  | | |
| 4 | 佐方鎮子 | 水嶋流 | 一九〇九年 |  | | | | | |
| 6 | 錦織竹香 | 学校教育 | 一九二〇年 |  | 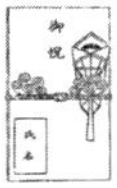 | | 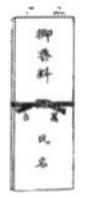 | | 真結びに  |
| 7 | 石井泰次郎 | 水嶋流 | 一九二一年 |  |  |  | |  | こま結びに  |
| 8 | 大妻コタカ | 学校教育 | 一九二六年 |  | |  | 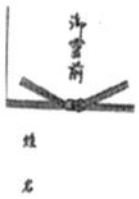 | | 真結びに  |
| 9 | 小笠原清明 | 小笠原流 | 一九二八年 |  | |  |  | | |
| 10・11 | 小笠原千代子 花月庵鶴友 | 水嶋流？ | 一九三一年 |  |  |  | |  | 諸輪結びに  鮑結びに  |

| 作法書番号 | 著者 | 流派・関係団体 | 発刊年 | 両わな | 片わな | 真結び（吉事・普通） | 真結び（凶事） | 鮑結び | 老いの波 |
|---|---|---|---|---|---|---|---|---|---|
| 12 | 国民作法調査会 | 文部省 | 一九三四年 |  | |  | | | 真結びに  |
| 13 | 女子教育社 | — | 一九三四年 |  | | |  | | |
| 14 | 徳川義親 | 産業組合中央会 | 一九四〇年 |  | | 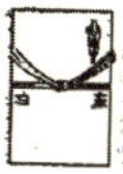 |  | | |
| 15 | 甫守謹吾 | 学校教育 | 一九四一年 |  | | 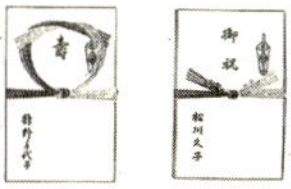 |  | | |
| 17 | 山根章弘 | — | 一九七八年 |  |  |  |  |  | |
| 18 | 荒木真喜雄 | — | 一九九〇年 |  |  |  | | 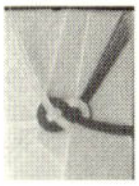 | 真結びに  |
| 19 | 高倉タマヨ | 学校教育 | 一九九〇年 | | | 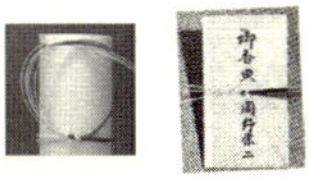 |  | | |
| 20 | 小笠原忠統 | 現代の物領家流 | 一九九一年 |  |  |  | 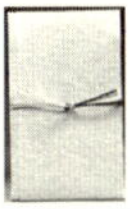 |  | 鮑結び・結び切りに  |
| 22 | 折形デザイン研究所 | — | 二〇〇七年 |  | | | 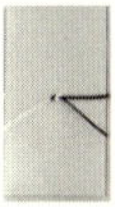 |  | |
| 市販 | | | 二〇〇八年調査 |  |  | 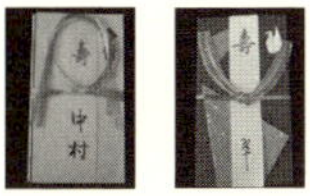 |  |  | 鮑結びに  |

いる。現在と同じ形のもの（表14―20）は、昭和六年（一九三一）の小笠原千代子と花月庵のもの以降からの作法書に表れるようになる（表14・表18参照）。

さらに荒木は『包結記』の「結び」には呼び方がいろいろあり、図解も多少誤りがあり混乱させているとも指摘している。(38)また、石井も次のように述べている。(39)

「あはび結」というのは、組紐に結びの形が鰒《あわび》の形に似ているところから鮑結といい、水引にても結ぶ。しかし「あわび」は片思いということわざを忌みて「あわぢむすび」とも名づけて通用している。近江に「おたがむすび」というのがあり、淡路の国にゆかりのある祭神をまつっている故に淡路結びという。しかし、『日本書紀』の古伝より名づけてと思うが、詳しくはわからない。

これによれば、淡路結びともいうが呼び名の根拠は明らかでない。現在、吉事・凶事ともに広く用いられている鮑結びではあるが、荒木が実体は謎のままです(40)」というように、解明されていない部分の多い結びである。

結婚のお祝い用に用いられている水引の先を巻く「老いの波」は、伊勢流の瓶子口飾りの両わな結びや銚子飾りにつける雄蝶・雌蝶のひげに用いたものを元にして、水嶋流の有住や石井、さらに小笠原千代子に取り入れられ、それが現代の作法書に影響している（表14―21、表14―22、表14―23、表14―24、表14―25、表14―26、表18参照）。

その他、水嶋流・有住の「黄金包」や「金銀包」（表13、表14―10・11）も、水嶋流・石井が用い、さらに小笠原千代子・花月庵、そして現代の著者たちの作法書にも載っている。

## 第五節　金封のデザイナー達と業界の現状

現在の金封のデザイナーたちが参考にしているのが、荒木真喜雄・山根章弘・現代の惣領家流小笠原忠統などによる作法書である。荒木への聞き取り調査によれば、『折形　包む心』が一万部、『折る　包む』が一万五〇〇部、『日本の折形集』が六千部刊行されているという。折形デザイン研究所の法式が載っている『暮らしの手帖』についても、暮しの手帖社営業企画部企画課への聞き取りによれば、二ヶ月毎に発刊しており、毎号約一六万五千部出版されているとのことである。

愛媛県四国中央市の株式会社今村紙工では、これらの作法書を参考にしながら従業員に和紙と友禅の色見本を見せ、好みの色彩のアンケートをとり、基本的には鮑結びと熨斗鮑を取り入れて様々にアレンジしているという。そして年間四〇〇万枚から五〇〇万枚を製造している。また、A社でも先の作法書を、礼法を知らないデザイナーに渡して考案してもらっている。

ところが、本章で分析した現代の作法書のなかには熨斗鮑の説明をしているものもあるが、ほとんどがその説明を欠き、金封の写真や図には熨斗鮑の付かないものを載せている。それらの作法書を熨斗鮑のことを知らないデザイナーたちが参考にする際、断片的な知識をもとに形・色彩だけを重要視してデザインを考案している。熨斗鮑も単なる飾りとしか考えていないようである。例えば、デザイン化された水引や様々なものを金封の右上に貼り付けて、その使用説明書でも飾りとして説明している。

株式会社今村紙工の今村専務（平成三〇年時点社長）は、「水引の本数も熨斗の意味も知らない方が多く、時代のニーズにあった商品を開発し続けているが、原点に立ちかえり『本物』の金封を提供することが、この国の伝統文化を継承する上での使命ではないかと考えるようになった」と語っていた。

様々に考案された金封の生産については、愛媛県経済労働部経営指導課によれば、伊予三島・川之江両商工会議所が作成している紙加工業実態調査では、平成六年（一九九四）の伊予三島・川之江地区で金封を扱う業者数は五二あり、出荷額は五八億四千万円と全国トップである。消費者の購入回数は一人一年間に平均四・六四回、一回での購入枚数平均四・〇六枚、一年間に一九枚弱である。その使用目的は回答数一二四七人のうち、結婚祝いが最も多く六〇九人（四八・八パーセント）。次いで葬儀用が三一一人（二四・九パーセント）。その他見舞い、餞別等となっている。(41)

これらの金封のほとんどは人件費の安い中国など海外で加工し、逆輸入され安価に販売されている。ちなみに、しきたりにとらわれないファッション金封は昭和五五年（一九八〇）頃から登場し、業界の発展に寄与しているという。

## 結びにかえて

熨斗鮑や水引が印刷された金封は、戦時中の出征兵士へのお金包みとして、奢侈製造販売禁止令のもとに、それまでの折形よりも簡略なものをという国家の推進によって、庶民に広く受け入れられていった。それが徐々に華美なものとなり、今日様々なデザインのものが販売されるようになったのである。

なぜ、現代の結婚のお祝い用の金封から熨斗鮑が消えていったのかについては、次のようなことが考えられる。

第一に、日本の進物には熨斗鮑を添える意味の説明がないため、それに携わる人たちからも忘れ去られてしまったのであろう。作法書の図からは、伊勢流と水嶋流は「熨斗包」の折形を、熨斗鮑を包むものとして図示しているが、それを現代の著者たちが取り入れる際、熨斗鮑を入れて包むということを説明せずに熨斗包みのみを図示してしまったことから、デザイナーたちはファッション金封には熨斗鮑が入っていない包みだけでも良いと解釈したのではないだろうか。そのうえ折形が華やかであれば、その包みも不要なものとしたのであろう。なお読者からの人気と信用度の高い『暮しの手帖』にも、金銀水引のお祝い用の金封に熨斗鮑の付いていない写真を載せ（表15―22―①）、そのうえ熨斗鮑については全く触れられていない。現在のところ、熨斗鮑も何も付いていない金封が販売されてはいるが、それを結婚のお祝い用に利用する人はわずかであった。しかし、『暮しの手帖』の影響もあって、今後様相が一変するのではなかろうか。

ところで、お見舞い用の金封にも熨斗鮑は付いていない（表14―37）。現代の人は熨斗鮑の「のし」からのびるに通じ、病気や災害の悪い状態がのびて続くと解釈して付けないのである。しかし進物に熨斗鮑を添える意味は、『日本民俗大辞典』には「長命を祈る祝福のしるし」と説明され、『貞丈雑記』にも威勢を伸ばし縁起がいいと記され、元は縁起が悪いことが続くということではなかったのである。

一方、従来からの「たとう折り」については、伊勢流と水嶋流と小笠原流の法式とを融合させたものを、現代の物領家流が「小笠原流」の法式として権威づけたために、世間では最も正しいものとして受容されているのである。その他の折形と結び方についても水嶋流を元にして様々に考案して、それを「小笠原流」の法式とした小笠原千代子と花月庵のものを、現代の著者たちが取り入れている。

ちなみに、包みと結びの研究者額田巌も花月庵の法式を「小笠原流」の法式として説明している。(42) 荒木真喜雄氏に尋ねたところ「小笠原千代子と花月庵は、著者名は異なるが同じ年（昭和六）に出版されており、内容がほとん

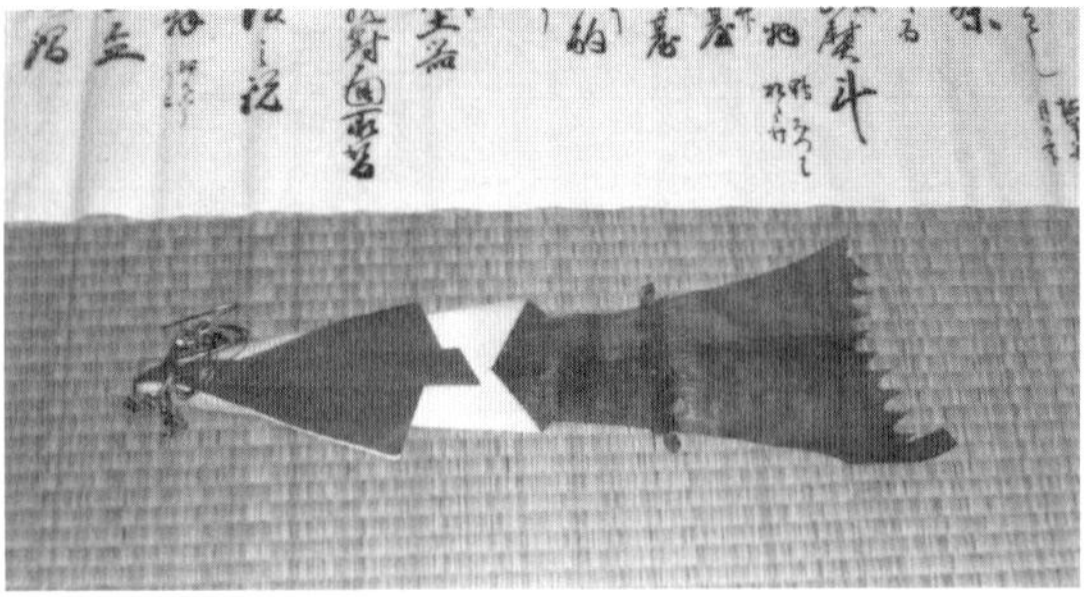

写真６　大正５年（1916）の齋理屋敷の長熨斗

ど重なっているので奇妙な感じがする。主観的感想にすぎないが、流行を反映したワルノリした事業者の商業主義的出版物の類のため、注意が必要であろう」と指摘した。また、小笠原流の宗家小笠原清忠氏も「小笠原千代子と花月庵鶴友は小笠原家とは縁のない人であるし、小笠原流にはそのようなお金包みはない」と話した。ところが現代の惣領家流の小笠原忠統が、小笠原千代子と花月庵の法式の多くを引用して、これを「小笠原流」の法式と権威づけてしまったのである。そして現代の作法書の著者たちも、これが最も正しい「小笠原流」の法式として受け入れたのである。

第一部第一章の研究史で、小笠原流から出た水嶋流を、小笠原流が取り入れて生き残っているという島田勇雄と陶智子の説に対して、筆者は婚姻儀礼については、小笠原家（小笠原流と現代の惣領家流）は水嶋流を取り入れていないことを考察した。ところが金封については、小笠原流は水嶋流を取り入れていないが、現代の惣領流は水嶋流の法式を「小笠原流」と権威づけてしまったのである。このように、現代の金封は水嶋流の法式を本流の小笠原流の法式とは異なるが、最も正しい「小笠原流」の法式として認識され受け入れられているのである。

また、第一部第一章では、近世・近代の礼法家たちは小笠原流という名が生徒を集めるのに効果的であったことから、どのような法式であれ皆「小笠原流」を名乗ったと考察した。折形と結びの作法書についても同様であったのであろう。近世・近代だけでなく現代までも「小笠原流」という名前の影響がいかに大きいものであるかが窺い知れる。

　ところで、宮城県丸森町にある古い豪商の館の博物館「齋理屋敷」の展示物の中に、東京で製造された大正五年（一九一六）一一月の結納の長熨斗（写真6）があり、若い女性がそれを指さし、解説者に「熨斗って何なの？」と質問している光景を目にした。解説者は熨斗鮑の意味を丁寧に説明し、連れの年配者も金封の右上に付いている熨斗鮑の例をあげて説明をしていたが、若者には充分理解できなかったようであった。柳田國男が「のしの起源」を書いてから九〇年後の今日、若者には「熨斗」という言葉は聞いたこともなければ現物など目にしたこともなく、いくら説明されても理解しがたいのであろう。

　昭和四九年（一九七四）の第一次オイルショックを契機に、財団法人新生活運動協会が各種団体や業界に資源の節約を呼びかけ、ギフトセットの過剰包装の廃止が叫ばれるようになった。しかし、現金を包む金封を廃止しようという運動にまでは発展しなかったようである。現代の日本人は贈り物として現金を贈ることが多く、それを紙に包むというしきたりは残っているが、今後熨斗鮑の伝統を引く金封がどのように変化していくのであろうか。

　その後、二〇一五年追跡調査をしたところ、金封業界が日本の伝統文化としての熨斗鮑の重要さを理解しつつあるようで、見舞いや凶事以外の金封には必ず、熨斗鮑やそのデザイン化されたものが付いていた（写真7）。

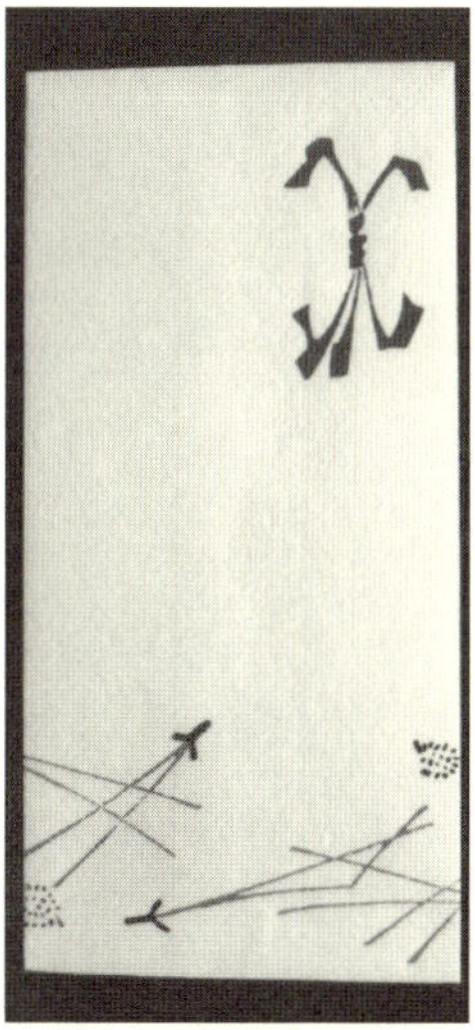

写真7　熨斗鮑付きポチ袋

　ただし、小笠原流宗家小笠原清忠氏は「見舞い用の熨斗袋にまで、熨斗鮑を付けないという誤った商品がまかり通っている」と苦言を呈していた。先にも述べたが、贈物に生臭である熨斗鮑を添えることで凶事ではない、威勢が良く良いことが続くという意味であって、悪いことや病気が長引き延びるということではない。熨斗鮑について、礼法を研究する筆者としては、元の意味を広く伝える努力の必要性を痛感させられた。

註

（1）柳田國男　一九六九「食物と心臓」『定本柳田國男全集』第一四巻（一九四〇所収）筑摩書房　三五二頁。

（2）一般には慶事用の金封には紅白の水引を用いるが、京都では皇室の用いる紅白水引の紅色は濃い紅色のため黒色に見える。そのため凶事用の黒白の水引と見間違わないように、一般にも凶事用には黄白の水引の金封を用いるという。その影響からか、関西では四・五〇年程前から法事用に黄白の水引の金封が市販されるようになった。

（3）博報堂生活総合研究所　二〇〇五『東阪接近』博報堂　二六・二七頁。

（4）「たとう折り」も「風呂敷折り」も『日本国語大辞典』にはないが、多くの販売店に備えている小冊子によると、「たとう折り」（関東に多い）・「風呂敷折り」（関西に多い）とし、業界用語となっている（吉沢久子監修　刊年不明『日本人の教養　おくる心　のし袋の書き方つかい方』エコールVC）。なお、現代の惣領家流は「たとう包み」（小笠原忠統監修　一九九一『図解　小笠原流礼法入門〔下〕包み結び』日本文芸社（中央文芸社）五〇頁）、荒木真喜雄は「たとう紙」（荒木真喜雄　一九九〇『日本の造形　折る包む』淡交社　九九頁）と称しているが、本書では業界用語を用いる。

（5）陶智子・綿抜豊昭　二〇〇六『近代日本礼儀作法誌事典』柏書房　六二一頁。

（6）伊藤幹治　一九九五『贈与交換の人類学』筑摩書房

（7）有賀喜左衛門　一九六八（初出一九三四〔村の生活誌〕）「不幸音信帳から見た村の生活」『有賀喜左衛門著作集』Ⅴ　未来社　一九九～二五二頁。

（8）石森秀三　一九八四「死と贈答―見舞受納帳による社会関係の分析―」『日本人の贈答』ミネルヴァ書房　二六九～

三〇一頁。

（9）板橋春夫　一九九五『葬式と赤飯』煥乎堂

（10）増田昭子　二〇〇一「南会津における祝儀・不祝儀の『野菜帳』」『史苑』六二巻　第一号　立教大学史学会。

（11）タメとは民俗語彙で、贈物に対する返礼のことをいう。他にも、トビ、オトビ、トミ、トメ、オウツリ、オタメなどともいい、贈物そのものを指す場合もある。

（12）森田登代子　二〇〇一『近世商家の儀礼と贈答―京都岡田家の不祝儀・祝儀文書の検討―』岩田書院。

（13）折形とは、飾り物や贈物を紙で包むときは、その紙を折る方式をいう。時代、流儀によって種類が多く、赤飯を贈る際も、胡麻・塩などを包むときも用いる。

（14）龍野市立歴史文化資料館編　一九九九『祈るこころ』龍野市立歴史文化資料館。

（15）熨斗紙とは、熨斗をつける進物の熨斗包みを折ったり、儀式用の上包みに用いる紙を指す用語である。近代には、贈答品の上にかけて用いるため、熨斗・水引などの図柄を印刷してある紙の意を指す（久米康生　一九九五『和紙文化事典』わがみ堂）。

（16）徳川義親　一九四一（初出一九三九）『日常禮法の心得』（第四七版）実業之日本社　一三二頁。

（17）徳川義親　一九四〇「日常礼法読本　第五回　贈答についての心得」『家の光』一月号、産業組合中央会　一二四・一二五頁。

（18）甫守謹吾　一九四一（初出一九四〇）『現代国民礼法の常識』帝国教育出版部　四八六頁。

（19）大塚民俗学会編　一九八六（初出一九七二）『日本民俗事典』弘文堂。

（20）こよりには、「紙縒・紙捻・紙撚」の文字がある。「縒」は、よる、より、ふぞろいのさま、色どりのあざやかなさま。「捻」は、ひねる。「撚」は、とる、ひねる、よる、こよりの類、縒ること、又、縒りあわせたものをいう（諸橋轍次　一九八六『大漢和辞典』大修館書店）。本書では「紙縒」を用いるが、資料引用には、そのままの字を用いる。
(21)　国史大辞典編集委員会編　一九九七『国史大辞典』吉川弘文館。
(22)　鈴木敬三編　一九九六『有職故実大辞典』吉川弘文館。
(23)　文部省・東京学士院他　一九八五『古事類苑』（一八九六～一九一四）吉川弘文館。
(24)　伊勢貞丈　一九八五『貞丈雑記』一・三・四巻（東洋文庫）平凡社。
(25)　朝倉治彦他　一九九二『守貞謾稿』一巻・二巻・三巻・四巻　東京堂出版。
(26)　頭書編纂井上頼圀他　一八九八『倭訓栞』皇典講究所印刷部　三五〇頁。
(27)　綵髻の「綵」とはサイ・あやぎぬと読み、染めたものをいう。采・彩と通じ、いろどり。「髻」は字音では「カツ・カイ」、字訓では「こうがい・かみくくる」という。和では「もとゆい」と読み、音符の髪と、音符の會とから成る。声符の會（会）には集めるの意があり、髪をまとめて束ねる意（白川静　一九九六『字通』平凡社、尾崎雄二郎他編　一九九二『角川大学源』角川書店）。つまり染めた彩のある元結のこと。
(28)　鳥子紙とは、雁皮を主原料として漉いた優良紙。滑らかで堅く、耐久性のある美しい紙であるため上層階級では永久保存を期待する書冊に愛用され、中古から用いられている。現在、紙質は変化している。とくに三椏で紙の風合いを似せ、卵色に着色している（久米康生　一九九五　前掲註（15）書）。
(29)　東脩とは、束ねた干し肉。古く中国では、初めて師をおとずれる時、贈物として持参したもの、転じて、入門する時に持参する謝礼の金品。入学の時に納める金銭（『日本国語大辞典』）。
(30)　福田アジオ他編　一九九九『日本民俗大辞典』吉川弘文館。
(31)　東京人類學會編　一九〇二『東京人類学會雑誌』一九九号　隆文館　一二三頁。
(32)　柳田國男　一九六九　前掲註（1）書　三五三頁。
(33)　荒木真喜雄　二〇〇七『復刻伊勢貞丈「包結記」Ⅰ翻刻・現代語訳集』淡交社

(34) 伊勢貞丈　一九八五　前掲註(24)書　四巻　二二四頁。
(35)『女鑑』一九八六　復刻版(一八九一〜一九〇九)大空社(原本国光社)
(36) 荒木真喜雄　一九九九「こころを包む」『太陽』二月号　平凡社　一〇〇頁。
(37) 荒木真喜雄　一九九〇『日本の造形　折る包む』淡交社　七八頁。
(38) 荒木真喜雄　二〇〇七　前掲註(33)書　一九〇・一九一頁。
(39) 石井泰次郎　一九二一『奥儀図解　小笠原流折形と水引の結び方』和風会出版部　一三〇頁。
(40) 荒木真喜雄　二〇〇七　前掲註(33)書　一九一頁。
(41) 愛媛県経済労働部経営指導課編　一九九七『伊予三島・川之江地区水引金封製造業地域中小企業診断指導指針作成調査報告書』愛媛県。
(42) 額田　巌　一九七四(初出一九七二)『ものと人間の文化史・結び』法政大学出版局。
額田　巌　一九七七『ものと人間の文化史・包み』法政大学出版局。

# 第二章　水引の製造をめぐって――長野県飯田市の事例から――

## はじめに

わが国では、現金を贈るときには白い紙に包んで差し上げるという習慣があり、それに熨斗鮑を付けて水引で結ぶ。現在、安価な大量生産の金封が多いなか、創業三〇〇年という東京日本橋の株式会社榛原では、従業員が店頭で金封一つ一つに水引を結んで販売している。それは手扱き水引といって、大量生産の機械製水引とは製造法が異なるため、結びやすく仕上がりにも重厚さがある。この会社では水引の生産量日本一を誇る長野県飯田市から仕入れている。

ちなみに、水嶋流の礼法家でもある包丁儀式四條流家元の石井泰次郎の日記には、株式会社榛原で水引や和紙を買い求めたという記述がある。この会社の蔵書の史料にも、石井泰次郎の折形の雛型が保存されており、石井とは懇意な付き合いがあったようである。

本章では飯田市における水引と、製造法のよく似た元結の製造方法等を中心に、それらに携わる人々の意識を報告することにしたい。また、熨斗鮑を添える意味についても考えてみたい。

なお、贈物に熨斗鮑を付けて水引で結ぶというのは、礼法の影響が大きいと考えられるが、飯田市には近世・近代から現代においても総領家の家系を引く小笠原家がある。水引の製造や熨斗鮑の法式には、小笠原流の影響があったかどうかについても触れている。

## 第一節　長野県飯田市の地理的歴史的概要

飯田市は日本のほぼ中央に位置し、伊那谷の中心都市で、面積は約三二五平方キロメートル、人口は一〇万八六三八人、世帯数三万九九八九世帯（令和元年八月三一日現在　飯田市ホームページによる）である。地形的には東に伊那山脈、西に中央アルプスがそびえ、山裾には扇状地と段丘が広がり、市の中央部を北から南へと天竜川が流れている。飯田盆地は古くから商工業の中心地として栄え、市街地は小京都といわれていたが、昭和二二年（一九四七）四月の大火により古い町並みを消失してしまった。その後、街路樹にりんごを植え、「りんご並木」で知られる防火モデル都市となっている。また、柳田國男の養家の故郷でもある。(1)

『長野県の地名』と『飯田水引産業史』によれば、脇坂安元が元和三年（一六一七）伊予大洲より飯田藩へ五万五〇〇〇石の城主として入封している。脇坂は大洲半紙で知られる紙漉きの本場から来たので、製紙の技術と指導には卓越していた。その後、寛文一二年（一六七二）には、下野国烏山から国替えしてきた藩主・堀美作守親昌が前任地の烏山と自然条件が似ていることから製紙、元結業を奨励する。そして足軽など下級武士に元結技術を習得させ、製造法が似ている水引も製造するようになる。

現在の飯田市は、愛媛県四国中央市（旧伊予三島市）や川之江市と並ぶ主要な水引の生産地として知られ、全国の七〇パーセントを生産している。(2)

## 第二節　元結と水引の歴史

飯田市では水引を製造する以前から、製造法のよく似た元結を造っていた。元結とは、現在でも力士の髷や日本髪を結いあげるときに髪を束ねて縛るための紙製の細い紐である。日本の特徴である日本髪を結い上げるようになった始まりについては、黒板勝美が『日本書紀』巻廿九の天武天皇一一年春三月の条に、次のように説明している。(3)

十一年（中略）。辛酉、詔して曰く、親王以下、百寮諸人《の》、今より已後《のち》、位冠及び襅《まへも》・褶《ひらおひ》・脛裳《はゞきも》莫著《なせそ》。亦膳夫《かしはで》、采女《うねめ》等の手繦《たすき》、肩巾《ひれ》は、並びに莫服《なせそ》。（中略）。夏四月（中略）乙酉、詔して曰く、今より以後《のち》、男女悉く髪結《あ》げよ。
十二月卅日以前に結《あ》げ訖れ、唯結髪《かみあ》ぐる日は、亦勅旨《みことのり》を待《う》けよ。

この条を小島憲之等の訳によってみれば、天武一一年（六八二）三月二八日に、皇族だけでなく、多くの役人たちの服装を中国風に変えるために、位冠及び襅・褶・脛裳を着用してはならない、膳夫・采女らの手繦・肩巾も着用してはならない、という禁令を出している。夏四月二三日には、日本の髪形も禁じて、一二月三〇日までに男女とも中国風に結髪するよう命じた。以降、男女皆髪を結い上げるようになったのである、となる。(4)

髪を結い上げるときに結ぶ元結が、飯田で造られるようになった経緯については、『守貞謾稿』に次のように記されている。(5)

紙捻又髪捻、トモニ、コヨリト訓ズ。中華ニ書所ノ髻也。紙ヲ捻リテ、髪ノ元ヲ結フニヨリ、元結ト云。寛文ノ頃ヨリ起ル。紙捻ヲ長ク縷リテ、水ニ浸シ、車ニテ縷ヲカケテ水ヲ摎ク、故ニ、シゴキ元結也。又、文七元結云アリ。是ハ、紙ノ名也。至テ白ク、艶アル紙ナレバ、此紙ニテ製スルヲ上品トス云々
近世迄ハ、自分々々ニ紙ヲ僂[6]リテ、己ガ髪ヲ結タル也。又、若衆女ノ長ク用ルハ平元結ニテ、紙ヲ一寸バカリニ裁テ、巻ソヘシ也（後略）（三七）。

今ノ摎元結ニ製スハ、紙ハ信州飯田辺ニテ漉出ス、サラシ紙ト云ヲ、幅五分バカリニ裁テ、武家小者ノ内職ニ、縷之也（三八）。

後世、民間ニテハ、紙捻ヲ用フ。落穂集云、今時、モテハヤシ候、文七元結ト申物、以前ハ無之。上下トモニ、手前ニテヨリコキヲ、致シ用ヒ申タルコトニテ候。又、独語白、婦人ハ、麻縄ヲ用フ（六〇）。

これらによれば、紙捻・髪捻をコヨリと読み、字義を解釈すると中国では髪をまとめて束ねる髻《もとゆい》のことをいい、日本では紙を捻って髪の元を結ぶことから元結という。

先に述べたように、天武天皇の頃に髪を結いあげるようにはなったが、近世までは、身分の上下に関係なく自分で紙を縷って結び、女性の中には麻縄を用いる人もいた。また若衆（美少年）や髪の長い女性は紙を幅一寸程に裁った平元結で巻いていた。

寛文（一六六一～一六七三）の頃からは、紙捻を長く縷って水に浸してから車にかけて、水を摎くという製造法

から名付けられた摎元結《しごき》が造られるようになる。飯田では下級武士の内職として晒紙で摎元結が製造されていた。『飯田水引産業史』によれば、下級武士だけでなく町人の内職として紙が撚られ、城下町付近の農民が農閑期の仕事として「カンバシ（撚り玉）」を架に掛け、強く扱いて元結に仕上げ、それを問屋の手を経て販売した。

元結職人の桜井文七（宝暦三年〔一七五三〕七〇歳で没）が、白くて艶のある元結に改良して、江戸で販売したところ、「文七元結」としてもてはやされ、江戸中期から幕末にかけて全盛期を迎える。文政年間（一八一八〜一八三一）には元結の生産問屋一〇六軒、元結職人約三〇〇人、生産量は約二万貫（七五トン）もあり、飯田の人達は何らかの形で元結生産にかかわっていた。

一方、水引業は元結より少し遅れて元禄末期（一七〇〇年）頃から始まったといわれ、文政年間には問屋数五軒、職人数三〇数人という記録がある。水引は元結原紙である晒紙の品質が劣るものを原料に、元結とほぼ同じ工程で製造された。当時の水引の需要は少なく単価も安かったため、元結問屋は元結を販売するついでに水引も販売した。ところが、明治四年（一八七一）に施行された断髪令、大正時代の短髪、パーマの普及により元結の需要が急激に減少した。飯田の元結職人はその技術が生かせる水引業へと転業をはかり、水引の生産量が増加していった。水引製造の最盛期であった昭和一三年（一九三八）には、問屋数四五軒、水引職人は千人を数えたが、日中戦争（一九三七〜一九四一）の激化とともに、国家総動員法による男子の徴兵と民需抑制政策、さらに昭和一五年（一九四〇）の奢侈品製造販売禁止令などにより水引需要は激減していった。

第二次世界大戦後は原紙不足で苦労するが、昭和三八年（一九六三）には生水引製造（後述）の機械化を導入した。現在では機械製水引が主流となり製品の多様化、結納品や金封などの細工物を中心とする二次製品の需要が増大し、今日の発展に繋がった。

しかしながら、現在の金封や水引細工の大半は、人件費の安い中国や韓国などで加工したものを逆輸入しているというのが現状である。なお、飯伊地域地場産業振興センターの資料によると、平成一一年（一九九九）当時の水引製造業者は四三社あり、製造品出荷額は七三億四三九八万円であった。

次いで、元結と手扱き水引はよく似た工程で製造されるが、それらの相違点を確認し、合わせて現在主流の機械製水引の製造法も紹介することにしたい。

## 第三節　元結と水引の製造工程

元結と水引の問屋を営む大橋迪夫氏にお願いして、元結職人の吉沢昭吾氏（昭和五年生）と手扱き水引職人の野々村義男氏（昭和一四年生）の作業場を案内してもらった。

元結は全国でも飯田市が唯一の生産地であり、調査した平成一七年（二〇〇五）の時点では、現役の職人は吉沢昭吾氏と川瀬栄作氏の二人であった。大橋氏によれば、令和元年現在、吉沢氏は高齢のため引退して川瀬氏一人になってしまった。現在は西村氏という四〇才代の若者が技を磨いており後継者になってくれることを期待しているが、元結の需要が減っているという現実もあると話しておられた。

水引職人の野々村氏は手扱き水引と機械製水引を製造しているため、筆者はその両方を見学させてもらった。それぞれの作業と聞き取り調査、および『飯田水引産業史』を参考にして整理したのが表19である。

表19　元結・手扱き水引・機械製水引の製造工程

| (A) 元結 | (B) 手扱き水引 | (C) 機械製水引 |
| --- | --- | --- |
| ①原紙 | ①原紙 | ①原紙 |
| ②小巻取り | ②小巻取り | ②小巻取り |
| ③テープに裁断 | ③切断 | ③切断 |
| ④ヒロ（テープ） | ④ヒロ | ④ヒロ |
| ⑤撚り玉（撚る） | ⑤撚り玉（撚る） | ⑤撚り玉（撚る） |
| ⑥加撚 | ⑥加撚（仕上げの撚り） | ⑥撚り玉を付ける |
| ⑦ワサハリ | ⑦ワサハリ | ⑦糊づけ |
| ⑧木綿取り | ⑧木綿取り | ⑧加熱 |
| ⑨扱き | ⑨扱き | ⑨糊づけ |
| ⑩糊づけ | ⑩乾燥 | ⑩加熱・乾燥 |
| ⑪艶だし | ⑪染色 | ⑪染め分け |
| ⑫ケンウチ | ⑫乾燥 | ⑫加熱・乾燥 |
| ⑬切断 | ⑬ケンウチ | ⑬糊づけ |
|  | ⑭切断 | ⑭加熱・乾燥 |
|  | ⑮中つけ | ⑮中つけ |
|  |  | ⑯切断 |

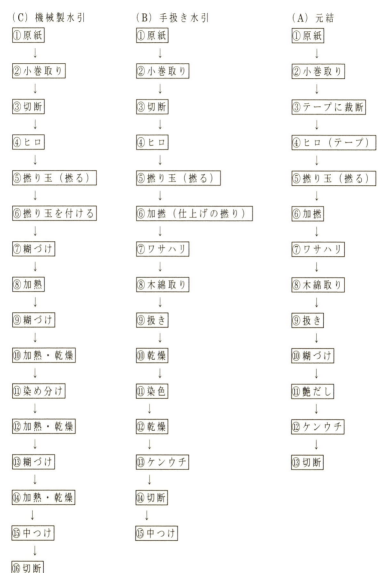

## （A）元結の製造工程

表19に表した順番については、まず①と②では巻き取り原紙を小巻にする。原紙には三椏が多く配合されている。③と④では、小巻にしたものをテープ状に裁断する。これをヒロという。⑤では、ヒロに撚りをかけ撚り玉（カンバシ）をつくり、水で充分に湿らせる。湿らせた玉は約二日間寝かせる。⑥では、元結の強度を出すために撚り玉一二五本をかけて張るカケハザをして、一本一本丁寧にさらに撚りを入れる（写真8）。⑦では、長さ二二メートルで一二五本の撚り紐を、ワサといわれる鉄製の棒に一本一本結び付けたまま手繰って、外の畑のハザ場に移動する。撚り紐は乾きやすいのでハザにかける前に、もう一度水を与えてからワサハリをする（写真9）。⑧では、水でといた糊と少量の角又《つのまた》（海藻）（写真10）を混ぜて造ったチャラを含ませた木綿を被せて、一本一本が直接触れないようにS字状に木綿とりをする（写真11）⑨では、チャラを含ませた木綿を二本のコキ棒で挟み、しごきながら元結へ付着させていく。この作業は後ずさりで行なう。一回目は米の粉だけで扱く。二回目からは角又を入れて扱《こ》く。⑩では、米の粉だけを煮た糊の入った糊管を口にくわえて、撚り紐に塗布する（写真12）。⑪では、二本の孟宗竹で挟み、三回往復してこする。この作業によって、艶と強度が増す（写真13）。⑫と⑬では、規格の寸法に切るために、製品に応じた寸法に目安の結びを入れるケンウチをする。長さ二二メートル、一二五本を規格に合わせて切断すると、四千本の元結ができる。これを一島（元結を数える単位）といい、三四一六円の工賃を得ることができる。

写真 8　ヒロに撚りをかけて撚り玉（カンバシ）をつくる。

写真 9　撚り紐は乾きやすいので、ハザに掛ける前に水を与える。

写真 10　角又（海藻）

写真 11　チャラ（角又と糊）を含ませた木綿を被せて、一本一本が直接触れないようにS字状に木綿とりをする。

写真 12　二本のコキ棒で挟み、しごきながら元結へ付着させていく。
管に米糊を入れ、上部の筒先を口にくわえて、帯状の撚り紐に注入する。その量は呼吸で加減する。

写真 13　艶だしの作業
二本_の孟宗竹で挟み、三回往復してこする。これによって艶と強度が増す。

写真17　手作業による染め分け作業。

写真14　撚り紐125本にS字状に綿が綿布があてられる。

写真18　規格の寸法に合わせてケンウチをして鋏で切る。

写真15　クレイ粉（石の粉）

写真16　鉄の棒と木の棒とで挟み込み、糊とクレイ粉を混ぜた塗料で強く扱く。

（B）**手扱き水引**（赤白の場合）**の製造工程**

表19（B）で表した①と②では、原紙大巻を巻取機にかけて、九〇メートルの小巻に巻き替える。③④では、切断機で小幅のテープに切断する。⑤⑥では、手または撚り機で紙撚りにする。⑦では、撚られた紐は一二五本単位で、ワサといわれる鉄製の棒に一本一本結び付ける。カケハザは、撚り玉に水を含ませて行なうことが必要なため、乾燥しないように半地下室や室内で行なわれる。⑧⑨では、撚り玉を水につけて適当な湿りを与え、次に綿布を撚り紐一本一本、S字状に木綿とりをする（写真14）。その布面を上と下から鉄の棒と木の棒とで挟み込み、米糊とクレイ粉（石）（写真15）で作った塗料をおき、強く扱く作業をする（写真16）。⑩では、天日で乾燥する。⑪⑫では、赤の染料をハケで染め、色をつけない白い部分と赤い部分とを染め分けて乾燥する（写真17）。⑬⑭では、仕上げる製品の寸法に応じて、目安の結び目を入れるケンウチをして、寸法にしたがって鋏で切断する（写真18）。⑮では、五本、七本等に並べて七五～九〇センチメートルの中心部に銀箔の帯を巻き糊付けする。

（C）**機械製水引**（赤白の場合）**の製造工程**

表19Cで表した①では、原紙（三八〇キログラム）は仕上げる色によって選択する。②では原紙からヒロをつくるために、小巻にする。③と④では小巻にしたものを、仕上げる水引の長さに応じて、切断する幅を変えて切る（写真19）。⑤では切断されたヒロに撚りをかけて撚り玉をつくる（写真20）。撚り玉一巻きは約四〇〇メートルある。⑥では、撚り玉一二五個をローラーにかけて、同時に一分間に約三～四メートルの速さで引っ張る（写真21）。⑦では、撚り紐を糊とクレイ粉（石の粉）の入った槽にくぐらせる[(7)]（写真22）。⑧では、ガスで加熱して乾燥させる。⑨と⑩では、再度糊の槽にくぐらせ、加熱して乾燥させる。⑪と⑫では、仕上げる水引の長さに応じて、赤になる

写真 21　撚り玉 125 個をローラーにかけて、同時に毎分 3 ～ 4 m の速さで引っ張る。

写真 19　小巻されたものが切断されてヒロを作る。

写真 22　撚り紐を糊とクレイ粉の入った槽にくぐらせる。

写真 20　ヒロに縒りをかけて縒り玉をつくる。

写真 23　自動的に赤になる部分だけを赤色の顔料の入った槽に潜らせて、赤白に染め分ける。

部分だけを赤色の顔料の入った槽にくぐらせ、加熱して乾燥させる。⑬と⑭では、着色した色が落ちないように糊の槽にくぐらせて定着させ、加熱して乾燥させる（写真23）。⑮では、仕上げる種類に応じて五本、七本、一〇本と横に並べて、自動的に銀紙で中付けする。⑯では、仕上げる水引の長さに応じて自動的に切断する。

このようにして製造された水引を生水引といい、これを細工して結納飾りや金封、その他様々な水引細工ができるのである。

作業場所に関していえば、元結は撚り玉を造るまでの①〜⑥の作業は室内であるが、⑦のワサハリからは戸外で行なう。手扱き水引も以前は戸外であったが、現在は室内で行ない、機械製水引も室内で製造している。

元結と水引の原紙はそれぞれ原料が違う。元結の原料は、元は飯田産の楮一〇〇パーセントで造っていたが、機械漉きになってからは三椏とパルプを配合したものである。

水引については『日本民俗大辞典』に「良質のコウゾを原料として漉いた奉書紙[8]や杉原紙[9]で細い紙縒を作り、それを数本並べて水糊を引いて乾かして固め」[10]と説明しているが、これは近世の資料を引用したものであろうか。現在の水引の原紙は愛媛県四国中央市から仕入れているので、伊予水引金封協同組合長（二〇〇六年調査時）今村謙三氏に尋ねると、「海外から仕入れたパルプと古紙を混ぜて薄く漉いたものを大きなロールに巻き、それを小巻にして細く裁断して造っている」と説明してくれた。楮は一万円札の原料に使われているもので水引には高価すぎるので使わないとも話された。

現在の元結の需要は、先述の大橋迪夫氏によれば相撲茶屋や文房具店に納めている。力士や日本髪の髷だけでなく、裁判所の永久保存用の綴り用の紙縒りやお茶の袋の口を縛る茶の口元結[11]としても需要がある。

## 第四節　製造と販売に携わる人びと

大橋迪夫氏に依頼して、元結の製造をしているところを案内していただいた。市街地からやや離れた飯田市高羽町の日当たりの良い田んぼの段丘に、元結職人吉沢昭吾氏のハザ場がある。ハザ場では、長さ二二メートルの和紙の撚り紐が一二五本、白い元結の帯が美しく輝いて、まるで素麺のようであった。

吉沢家は百年程前から元結造りを家業としており、昭吾氏は四五年前に父亦四郎（明治生）から技を伝授され、若い時は会社に勤めながら技を磨いた。父親が七五歳のときに会社を退職して、それ以降は元結造りを専業にしている。

昭和三一年（一九五六）に嫁入りした昭吾氏の妻（昭和四年生）も、若い頃は子供を背負って舅を手伝い、昭吾氏も紙に撚りをかけるカンバシづくりをしていた。昭吾氏の子息昌広氏（昭和三一年生）も、現在は会社勤めをしているが、休日には父親から技を伝授されている。いずれは勤めをやめて、元結造りだけを仕事にするつもりだという。職人技は見て盗めというほど、その技術は口でいったのでは分からない。そのうえ、天気、気温、湿度に左右されるために勘が重要で、それらを見極めるには七～八年はかかるそうである。

水引製造の最盛期であった昭和一三年頃、現在は林檎農家の飯田市松尾の今村博氏（大正一三生）の家でも、父親が水引製造業を営んでいた。父親の萬吉（一八九八～一九四八）は農家の三男として生まれ、妻の安（明治三一年生）と結婚して大正一四年（一九二五）に分家した。妻の里が水引造りをしていたこともあって、その援助を受け水引造りを始めた。昭和一二年（一九三七）に工場を建て、昭和一四・五年頃には四〇～五〇人の従業員もいた。その頃の生産額は一日一〇〇島（水引の単位）を越えていた。そのうえ、妻の安が商才にたけていたことから成功をおさめ、水引製造県下一位となり、屋号も「水引屋」と呼ばれていた。ところが、昭和一六年（一九四一）後半からは職人が出征したため、昭和一八年（一九四三）には工場を閉鎖せざるを得なくなり、ハザ場もサツマイモ畑になってしまった。昔の水引は長さ六尺五寸（約二メートル）もあり、嫁入り道具には全て水引をかけて嫁にいったそうである。

次に、飯田市松尾清水にある水引製造の野々村義男氏の工場を訪ねた。野々村家も八〇年程前から水引製造を家業としている。昭和一〇年（一九三五）に兄が水引造りをはじめ、義男氏も中学を卒業した昭和二九年（一九五四）から携わっている。二五年前に兄の後を継ぎ、現在は家族や従業員一八人で製造している。機械導入は遅く昭和四三年（一九六八）からである。調査時点から一四年前に工場を拡張したとき、義男氏は手扱き水引にこだわり作業場を残した。機械製水引は大量生産のため収入はあるが、手扱き水引の方が製品に腰があり、しっかりしているので現在でも注文がある。

機械製水引の工場では大勢の従業員が働いていたが、野々村家でも手扱き水引の作業をしている義男氏の側では、子息が手染めの作業をしていた。水引造りも紙と水が相反する性格をもつので、天候による湿り気と水の加減が難しく、一人前の手扱き水引職人になるには一〇年はかかり、納得のいく水引を造るには、技を一生磨かなければならないという。

現在の有限会社野々村水引店では、原紙を仕入れて裁断から撚り、色付け、機械染め、手扱き水引などと全工程を一貫して行なっている。また、皇室においてのみの祝儀に用いられる黒色にもみえるクレナイ色の紅白の水引も製造している。昭和三〇年頃までは、各地で奉公人に手拭いを贈るのにも全て水引をかけていたので、農繁期の後、一二月三一日まで造った水引は全部売れ、大晦日までは忙しかったそうである。

現在の水引の大半は機械製水引である。真直ぐな生水引は、結納飾りやアクセサリーなどの水引細工ができる。このデザインを考案して弟子に教え、家元を名乗っているのが関島登氏（大正一二生）である。関島氏は有限会社水引工芸せきじまの代表者であり、水引細工展示場のあるドライブイン経営者でもある。第二次世界大戦後、地場産業活性化のために水引細工を地域の人に教え産業にしようと考えたそうで、細工物を作って六〇年以上になる。水引細工のデザインは都会にあった「あわび結び」[12]を基本に様々に考案したので、その結び方が「小笠原流」か、どうかは意識しなかったという。飛騨高山の山車も飯田市ミス林檎娘の王冠も関島氏の製作であり、八〇歳を過ぎた現在も新しいデザインの細工物の制作に挑戦している。

水引細工は昭和四〇年頃から飾りが平面から立体的になり大型化してきたが、現在の業界に対して、関島氏は「問屋が海外で安い細工を作って大量に売るので、飯田の伝統の水引が発展しない。国内の職人を蔑ろにしている」と苦言を呈していた。

水引問屋を営んでいる大橋迪夫氏によれば、簡単な水引細工は海外に頼っているが、高度な細工物や急ぎの細工物には国内の熟練者が必要である。今では、大橋氏から名人芸と高く評価されている伊藤美理氏（昭和四年生）は一九歳で結婚（婿養子）したが、水引細工は家で親の面倒と子育てをしながらできると思い、翌年地場産業センターで熟練者から鶴・亀・松・竹・梅の五点を一週間習った。その後、水引店の株式会社喜久優に、定年になるまで二七年間勤めた。昼間は店で水引細工をし、夜も家で内職として作っていた。決められた納期のものは夜中の二時頃までしたこともあり、現在は午前・午後各二時間と夜とで一日五時間位働き、工賃は一ヶ月二万円前後である。安い工賃ではあるが、仕事をすることで社会と繋がりがもて、水引細工が好きだから楽しいと語った。

飯田市では単なる趣味として水引細工をしている人はいない。工賃の安い海外と同額程度であっても、高齢者にとっては手先仕事をすることが認知症の予防になり、そのうえ少額でも小遣い稼ぎになるので、内職者は三千人はいるのではないかという。一九九六年にミス林檎娘に選ばれ水引製の王冠を被った小林由季氏も、幼い頃祖母が内職で水引細工をしていたので、身近にある水引は女の子の遊び道具でもあったそうである。

日本での贈物には、水引・熨斗鮑は付き物である。熨斗製造卸専門店である有限会社上田屋のし店は、熨斗鮑をデザイン・製造して全国に卸している。店主の宮島源治氏（昭和二四年生）によると、明治の頃は生糸問屋であったが、戦後、それまで京都や奈良から仕入れていた熨斗鮑を、飯田市でもできないかと考え、扱うようになった。宮島氏によれば、贈物に付ける熨斗鮑のデザインは、東京のやり方を参考にしながら独自に考案をしている。そして先代の社長（父孝雄、大正七年生）の時から「昆布熨斗」を不祝儀用の熨斗としてデザインを考案して生産している。これは飯田市内の問屋から注文があり北陸地方に需要がある。熨斗鮑は大量生産できるものを機械化したので、手折りの熨斗鮑の方の内職者は一〇〇人程いる。一ヶ月の販売は一〇〇万枚から一五〇万枚程で、昭和六〇年頃が最も多く、現在はその三分の一に減少している。コンビニや一〇〇円ショップが扱うようになってからは仕入れや販売ルートが変わり金封の種類も多くなっている。ところが、水引についてはインターネットで注文を受けるようになって販路が拡大してきているとのことである。

## 第五節　小笠原家と水引の製造

飯田市の古い観光パンフレットによれば、飯田市には小笠原家初代小笠原長清の嫡子長経の流れである総領家の小笠原家[13]があったことから、飯田市の水引の製造や使用法に小笠原流の影響が謳われている。

しかし、飯田市伊豆木にある重要文化財旧小笠原家書院の解説員原信明氏（大正一一年生）によれば、信明氏の五代前の当主は、小笠原家の御典医として当時から小笠原家のすぐ近くに居を構えていた。庶民が苗字を名乗ることは、近世までは武士や限られた人にしか許されなかったが、明治四年（一八七一）の身分解放令により庶民にも許されるようになった。ところが、原氏によれば小笠原家の殿様は地域の人達に対して、小笠原の字を一字でも用いることを禁じた。例えば、小川はだめでも尾川なら読みが同じでも字が異なるので許したという話を先祖から聞いていているという。

また、小笠原流の地域の人たちへの影響については、旧書院のすぐ下に別家の小笠原家の子孫が現在も住んでいるが、地域の人達に小笠原流の礼法は伝わっていないことから、当然のことながら水引の製造や使用法にも影響を及ぼしていないものと推察できる。

飯田市では水引細工や熨斗鮑のデザインをしている人たちへの聞き取りからも、東京のものを参考にしたということで、小笠原流という言葉を耳にすることはなかった。

## 結びにかえて

元結職人の吉沢昭吾氏も手扱き水引職人の野々村義男氏も、会社勤めや機械製水引生産という生活の基盤をもったうえで、伝統の技を磨き守っている。それを家族たちが支えて子息が受け継いでいる。これは小笠原流にも通じるものがある。

再三述べるように、小笠原流では宗家は勿論弟子たちも、本業をもって生活の基盤を整えたうえで、礼法を教えなければならない。それは、小笠原流の礼法を教えるにあたり、経済だけを追求すると、礼法が賤しくなることを諫めているためである。

また、水引細工の自称家元を名乗っている関島登氏は、弟子を育成しながら新しい細工物に挑戦している。高齢の内職者も単なる趣味としてではなく、技を磨けば磨くほど問屋からも重宝がられ対価も得られ、水引の製造にかかわることが一つの生きがいとなっている。いわば、このような人たちによって日本の文化や伝統工芸や技は守られ継承されているのである。

お金を儲けることが、社会の勝利者のような現代の風潮のなか、確かな人生を歩みながら伝統の技を磨き、その技によって得た自信と誇りは、高齢になっても衰えるどころか、なお一層技に磨きをかけられ生き生きとしている。そのような年齢を重ねる親をみて育った子どもが、親を尊敬し、家族もそれを支えて次の世代へと引き継がれていく。高齢になれば趣味を愉しみ、やがて人生の終焉を待つだけという人が多いなか、飯田市の元結や水引に携わる高齢者は、次世代に技術を繋ごうとますます生き生きとしている。まさに、理想の高齢者の姿である。飯田市ではほかならぬ伝統産業が高齢者の理想の姿をつくっているのである。これは他の地域の地場産業にとっても参考になるものであろう。

ただ、元結造りという伝統の技が消えつつあるのは大変惜しまれる。伝統を守り引き継いでいくには経済的基盤があってこそできるものである。元結造りは勿論のこと手扱き水引という技を持っている人も健在な今、次世代の後継者に期待がかかっている。これを支えるのは水引や元結の業界のみならず、国や県・自治体など行政の理解と応援、そして経済的援助が必須であろう。

註

（1）柳田家の初代勘兵衛は寛文一二年（一六七二）、藩主堀親昌に従って飯田に転任し、國男の養父一〇代直平までの墓地がこの地にある。

（2）下中邦彦編　一九七九『日本歴史地名大系第二〇巻　長野県の地名』平凡社、飯田水引協同組合　二〇〇三『飯田水引産業史』南信州新聞社出版局。

（3）黒板勝美編　一九八七（初出一九三二）『訓読日本書紀』下巻　岩波書店　三七五・三七六頁。

（4）小島憲之他校訂・訳　二〇〇七『日本書紀下・風土記』小学館　一八二～一八五頁。

（5）朝倉治彦　一九九二『守貞謾稿』第二巻　東京堂出版　三七・三八・六〇頁。

（6）「僂」の字は『類聚　近世風俗志』では「縷」が用いられている（喜田川季荘　一九七七『類聚　近世風俗志』上巻　誠進社　二六九頁）。

（7）『飯田水引産業史』には「層」の字が使われているが、糊とクレイ粉の入っている容器のことであるから、「槽」ではないだろうか（飯田水引協同組合　二〇〇三　前掲註〔2〕書）。

（8）奉書紙とは、武家社会で公文書の料紙として用いた厚い楮紙。天皇・将軍などの意向や決定を奉じて、執事が下す文書で、その名の下に奉の字を記すもの、御教書・院宣の類である。杉原紙より大きく厚く製しているが、檀紙より小判である（久米康生　一九九五『和紙文化辞典』わがみ堂）。

（9）杉原紙とは、中世の武士社会でもっとも多く流通した中厚の楮紙。虫食いに弱いため、明治二〇年（一八八七）廃絶した。昭和四七年（一九七二）生産を復活しているが、米粉を入れない紙である。平成五年（一九九三）兵庫県の伝統工芸に指定（久米康生　一九九五　前掲註〔8〕書）。

（10）福田アジオ他編　二〇〇〇『日本民俗大辞典』吉川弘文館。

（11）茶の口元結は、現在は真空パックが多くなり需要は減っている。

（12）『日本国語大辞典』によれば、「鮑結び」と書き、女房装束に用いる檜扇の飾り糸の結び方で、アワビに似ているところからいう。中央に一つ、左右に二つのワナを並べた紐の結び方。葵結び、蜷《にな》結び。淡路結びに同じと説明しているが、第二部第一章で述べたように、石井泰次郎も荒木真喜雄もこの名の根拠は明らかでなく、実体は謎だと述べている。

（13）小笠原家は清和天皇の第六皇子貞純親王から興った清和源氏の家系で、小笠原長清に始まる。伊豆木小笠原氏の初代小笠原長巨は、慶長五年（一六〇〇）松尾小笠原氏から分れ、伊豆木村に一千石の秣料を給され当地に居住した。同氏の居館は明治五年（一八七二）帰農に際し書院・玄関・宝蔵を残して、建築物のほとんどが取り払われた（一九七九『飯田市旧小笠原家書院・小笠原資料館』パンフレットより引用）。

# 終章　本書のまとめと今後に向けて

## 第一節　本書のまとめ

本書では、「小笠原流」を名乗った水嶋流に注目して、本流の小笠原流（弓馬術礼法小笠原流）と比較することで、礼法の変遷を明らかにしようと、第一部では婚姻儀礼を、第二部では贈答儀礼を取り上げた。

小笠原流結婚式と現代一般に行なわれている婚姻式との間には相違点は多いが、これが旧くから行なわれているのであれば、日本の伝統文化として研究する意義がある。また、贈答儀礼についても一般には市販の熨斗袋を利用して現金を贈るが、小笠原流ではそれらを利用せずに現金を奉書で包み水引で結ぶ。これらが本来の法式だとすれば、この研究から現代の礼法の変遷を明らかにできるに違いない。なお、第二次世界大戦後に礼法活動をした小笠原忠統氏（現代の惣領家流）の法式についても言及した。

第一部第一章の「婚姻儀礼にみる水嶋流」では、夫婦盃を飲む順番や床飾りには、流派により相違があることが判明した。例えば、将軍家の礼法を司った流派のなかには、伊勢流と小笠原流とがある。夫婦盃を飲む順番は伊勢流では婿が先であったが、小笠原流では嫁が先、庶民に伝えられた水嶋流も旧くは嫁が先であった。床飾りにおいても、伊勢流では神を祀るが、小笠原流は心では神を祀るが具体的な神ではなくめでたい床飾りであった。これらの相違の原点を明らかにした。

水嶋流は旧くは小笠原流に準じていたが、幕末から明治にかけて伊勢流の法式こそが正しいと、それまでとは全く逆の法式を執った。近世・近代・現代に庶民に読まれたであろう作法書や民俗調査報告書と対比させることで、水嶋流の新旧の法式が同地域、同時代に併存したことを解明した。その後、神前結婚式が普及したことから、現代のブライダル産業に携わる人たちや新郎・新婦が考えた仮祝言の法式も、水嶋流の新法式を受容していることが判明した。

また、小笠原流が水嶋流や現代の惣領家流とは法式が異なるにも拘わらず、一般の人々は勿論、研究者の間でも混同している現状を指摘した。そして小笠原流の婚姻儀礼は水嶋流を取り入れて小笠原流に生き残っているという研究者たちの見解について、小笠原家の小笠原流（弓馬術礼法小笠原流と現代の惣領家流）の法式からは、水嶋流を取り入れていないことを指摘した。

第二章の「神前結婚式と水嶋流」では、皇太子（後の大正天皇）の婚儀後、その影響から神前結婚式が発案されたと、当時の新聞記事などには掲載されているが、発案者は礼法家ではなく法学者であることを指摘した。そしてその発案者は、水嶋流の新法式を基に創案したであろうことを論じた。なぜ皇室とは異なる法式であるにも拘わらず、その影響を謳ったのかについては、神道と皇室を結び付けるという当時の政治的意図の存在を指摘した。その後、改良が重ねられながら現在の神前結婚式の法式が整えられたのである。

第三章の「明治期の女性雑誌にみる水嶋流の礼法家たち」では、水嶋流の礼法家たちは東京の師範学校や女学校で教え、さらにそれを学んで教師になった人たちが全国の学校で教えたことにより、水嶋流の礼法は全国に拡大していった。彼らが雑誌に寄稿した内容からは、婚姻儀式と女性の立ち居振る舞いや進物の際の包み方や水引の結び方が重要視されていたことが判明した。また、包丁儀式四條流家元の石井泰次郎の日記からも、全国の様々な分野に水嶋流が影響していることが判明した。

第四章の「料理人に伝えられた水嶋流の婚姻儀礼」では、前章の石井泰次郎の日記から、芸者から婚姻儀礼を習った料理人に焦点を当て、香川県高松市を事例に報告した。既に報告されている民俗調査報告書とは法式が異なり、石井は水嶋流の新法式の婚姻儀礼を芸者に伝授し、それが料理人に伝わったことを明らかにした。

第五章の「謡の師匠に伝えられた水嶋流」では、山形県天童市においては「小笠原流」の名で水嶋流の旧法式の婚姻儀礼とともに立ち居振る舞いも伝えられており、現代に継承されていることが確認できた。また、明治末から大正期に東京で流行っていた永島式結婚式についても明らかにした。東京での永島式結婚式の発案者は、水嶋流の新法式である神前結婚式を基にしたと考えられるが、神前結婚式のように皇室と結びつける意図はみえてこない。ところが、天童市に永島流として伝わったときには、天皇皇后の順に盃を取り交わすので、神道の家ではこの法式をとるようにと皇室と結びつける意図のある史料であった。また、何故、天童市では水嶋流の旧法式と新法式が現在まで継承されているのかについても論じた。

第二部では贈答儀礼を取り上げた。第一章の「金封にみる水嶋流」では、お金包みの金封（熨斗袋）から水嶋流の影響を考察した。現代の金封の法式を、作法書の記述内容の変遷から明らかにして図表に表すと、現代の惣領家流は小笠原流ではなく水嶋流の法式を「小笠原流」としていることが判明した。これが金封のデザイナーや業界、一般にも最も正しい「小笠原流」の法式として認識されていたことを検証した。

熨斗袋（金封）から熨斗鮑が消えていった件については、金封のデザイナーたちが参考にする作法書には、進物に熨斗鮑を添えるという説明がないために、デザイナーたちはその文化を知る機会を得られず、次世代へ継承されなくなってしまった。そのため、熨斗鮑のデザインされたものであっても単なる飾りとしての扱いになり、やがて進物には熨斗鮑を添えるという文化が消えたものと考えられる。

ただし、以上は筆者が調査した二〇〇五年時点のことである。筆者は調査の際に、業界の方たちに贈物に熨斗鮑を添える意味を説明した。その後二〇一五年に追跡調査を試みたところ、お祝い用の金封だけでなく、小さなポチ袋にまで必ず熨斗鮑のデザインされたものが市販されていることを報告した。

第二部第二章の「水引の製造をめぐって」では、長野県飯田市の水引や元結の製造工程の歴史的変遷と水嶋流の影響、および職人たちの現状を取り上げた。金封や水引のデザインや法式は、飯田市にある近世の総領家の系統をひく小笠原家ではなく、都会の水嶋流の法式の影響が大きいことが分かった。

一方、職人たちは高齢になっても、次世代に繋ぐ後継者を育成して誇りと自信をもって益々生き生きと生活していることが聞き取り調査で明らかになった。ただ残念ながら、令和元年現在、現役の元結職人は一人のみになってしまい、次世代に継ぐ元結職人の養成が求められている。

以上のように、現代の我々の婚姻儀礼については小笠原家の小笠原流（弓馬術礼法小笠原流と現代の惣領家流）の影響はなく、近世伊勢流の不備を充足した小笠原流の法式が、本流のお止め流ではなく家臣に伝わった後、庶民に流布した水嶋流が、明治期に新法式を提案して、それが神前結婚式の創案に影響し、今日の我々の生活文化である婚姻儀式に継承されている。

贈答儀礼の金封については、現代の惣領家流が小笠原流とは法式が異なる水嶋流の法式を「小笠原流」と権威づけたことで、一般には最も正しい「小笠原流」の法式と認識され流布している。いずれにしても、水嶋流の及ぼす影響は今日においても多大なものがある。

## 第二節　今後にむけて ―礼法教育の視点から―

筆者は若い頃から作法に関心があり、現代の作法を学び、地元香川県でのカルチャー教室や企業などで指導してきた。その間、受講生たちの様々な質問や作法の行ない方に、先人たちはどのように考えどのようにしてきたのかに大きな関心を抱いてきた。それを明らかにするのが民俗学であることを知り、四十九歳にして「柳田文庫」を有する民俗学研究所のある成城大学大学院文学研究科日本常民文化専攻に入学した。入学後まもなく、文芸学部教授（当時）の田中宣一先生より、「あなたの研究には儀礼文化学会がいいのでは？」と、声をかけていただき、その学会での先生の講演を拝聴させていただいた。その折に、弓馬術礼法小笠原流宗家小笠原清忠先生も学会の理事をなさっていることを知り、学会の方に紹介をお願いして、小笠原清忠先生の指導を受けるようになった。

博士課程後期単位取得後は、文芸学部教授上野英二先生より「弓馬術礼法小笠原流の門人ならば」と、声をかけていただき、成城大学共通教育の「表現文化論Ⅳａ『民俗と作法の表現文化論』」で作法の授業を担当することになった。

小笠原流については再三述べてきたように、近世までの小笠原家は将軍家の礼法の師範であったため幕府から禄を得ていたが、明治維新になると幕府からの安定した収入が得られなくなってしまった。当時の当主二八世清務は、「家業を生活費のために利用いたす間敷き事　ただし何の業たりともいたし、生活費を充当いたすべきこと」と、遺言し家訓とした。生活費は他の職業で安定的な生活を確保した上で礼法をせよ。礼法を教えてその収入で生活すると、弟子との間に妥協が起こり、流儀の品位が卑しくなると諌めたのである。現代でも宗家は勿論、門人達も皆本業をもち、安定した生活の上で礼法を指導している。小笠原家では、明治にはすでにより多くの物を欲しがる卑しさを諫めていたのである。

ところで、作法とは相手を気遣い思いやる心の表現方法であるが、筆者は過去にビジネスマナーの指導講師資格取得のために、某団体の指導者研修を受講したことがあった。そこでの企業の社員研修でのマナーとは、いかに給料を貰うかを目的とした指導方法であって、筆者の求めている作法とは大きく異なり違和感を覚えた。時はまさにバブル期（一九八六〜一九九一）であった。

過去の指導者研修の苦い経験から、大学では受講生たちがお金儲けの手段として作法の知識やテクニックを身に付けるのではなく、小笠原流の教えを基にした人として品位のある、そして幸せに生きる方法を、各自が体得することを最も重要な目標とした。

現代の日本を振り返ってみると、高度経済成長を成し遂げ、やがてバブル期を過ごし、平成に入るとバブルは崩壊してしまった。この期間の競争社会を経験した学生の両親や祖父母達のなかには、そろそろ気づき始めた人もいるかと思う。競争に勝つことや経済的豊かさだけが、必ずしも人を幸せにはしてくれないことを。また、「衣食足りて礼節を知る」というが、衣食足りた現代の日本でも礼節をわきまえた人ばかりではない、ということを。

現代社会では、経済を追求するあまり、企業は際限なく人を欲望に駆り立て、上司や同僚たちの間でもハラスメントや苛めから、優秀な若者が鬱病や自殺に追い込まれる有様である。その陰でどれほど多くの人の心が疲弊し、苦しんでいることだろうか。

そのような時に、二〇一二年ブラジルで開かれた環境の国際会議で、ウルグァイの大統領ホセ・ムヒカ氏が、「貧乏とは少ししか持っていないことではなく、無限に欲があり、いくらあっても満足しないこと」というメッセージを発信した。その生活ぶりからも「世界一貧しい大統領」と話題になった。その彼が、二〇一六年四月に来日して、「日本は経済も技術も発展しているが、日本人は幸せですか。貧しい人とは少しの物しか持っていない人ではなく、もっともっとと欲しがる人をいう。気づかなくてはいけない。孤独な人も貧しい。私は貧しくない。他人のためになにかできたら、自分も幸せになるのでは。」と。日本の大学の講演でも、「君たちは本当に幸せですか？」と問いを発した。

では、作法の授業を通じて幸せに生きるとは、どのような生き方なのか。また、どのようにすればそれを得ることが出来るのか。誰かに教えられて体得できるものでもない。自らの体験から感受性を磨き、心を深く耕さなければ体得できるものではない。そのために、毎回一週間に人に親切にしたこと、あるいは親切にされたときに、どのように考えたのかを書くことを課題にした。ただし、これは個人の感受性の問題だけに、質問には答えるが心に踏み込んでの誘導は、出来るだけしないよう気を付けて授業を進めた。次にその報告をする。

半期の授業の受講生の心の変化を（1）初めの頃の意識、（2）一カ月経った頃の意識、（3）四ヶ月後の最終回のレポートから報告する。

### （1）初めの頃の意識

①人に親切にして何の得があるのですか。②自分が親切をしなくても、心に余裕のある人や暇な人がすればいいことである。③他人に親切にする意味が解らない。④こんなことを毎週書かせる意味が解らない。⑤最初の一回なら書くこともあるけど、毎週書かせられたらもうネタ切れだ。⑥人に自分がした親切を報告するというのは間違っている。親切は黙って誰にも分からないところでするものである。⑦子供の頃から親に親切にしなさい、と躾けられたので無意識にしていたが、それを書く意味が分からない。⑧二十一年間生きてきて、自分のした親切を客観視

することは、今までしたことがない。

## （２）二か月経った頃の意識

①初めの頃、この授業でのコメントを書くことに疑問をもっていて、最初はコメントを書くために親切を捜していた。続けていると、他人に親切にされるとうれしいが、自分が親切にすることの方がもっと心が楽しくなり、その相手から「ありがとう」を言われたとき、さらに嬉しさが増すことが分かってきた。

②毎朝、今日はどんな親切をしようかと考えると、朝から一日が楽しくなる。

③今までとは何にも変わらない一日なのに、人に親切にするだけで、こんなにも心が楽しくなるものとは。

## （３）四ヶ月続けた後の意識

①私にとって幸せとは、自分に自信を持った生き方をすることである。受講する前は、エレベーターの乗降や教室に出入りをするとき、誰かが私のために扉を押さえてくれていることを意識していなかった。自分のことしか考えず、真っ先に降りてゆく人、扉を開ける時、自分が通る事しか考えていない人も多かったように思う。そのようなとき、自分も少なからず、苛立ちを覚えていた。恐らく、してもらって当然という意識があったのかもしれない。しかし、第三者である私に気づいてくれる人がいることの温かさ、有難さに初めて気がついた。今ではエレベーターで自分が扉を押さえる役を率先してするようになり、また扉を通るときも、必ず後ろに誰かいないかを確認して、もしいたら後ろの人が通り終わるまで扉を押さえるようになった。今までなりたかった、しかしなれなかった自分に少し近づけたように思う。人に感謝することが多くなったと同時に、人から感謝されることも多くなった。

感謝されることで、自分が正しかったのだと自分の自信につなげることもできた。作法は自分の人生を心豊かにするだけでなく、相手にも喜んでもらえる素晴らしい手段である。

②自分がした親切を客観視するという取り組みは、当初、相手が幸せな気持ちになるだろうという考えでしかなかった。ところが、続けてしていると、少しずつ自分に自信がついてきたことに気がついた。四ヶ月続けた今、ようやく分かった。自分を客観的に見る力、そしてブレない自分を構築できることを。これは作法についても同じで、作法をたくさん知った上で、相手に合わせることがとても大切である。幸せに生きていく方法を、自分の中ではっきりと確立することができた。

③親切にされたことに気づくことで、幸せを感じることができる。しかし、親切にされたことに気づかない人が多いのも事実である。それはどうしてか。気づける人になるには、自分が親切な人になることである。要するに、周りに気づける人になることは、意識次第で誰にでもできる。そして、親切にしたことで自信を持つきっかけにもなる。

④幸せとは、周りに気づかうことでうまれる。人は親切にされると、相手には勿論他の人にも親切にしたいと思い、親切にし、親切にされることで幸せになれる。

⑤駅構内で、坐り込みぐったりしている女性と介抱する女性が目に入り、「大丈夫ですか？」と声をかけると、「大丈夫です」と返ってきた。以前の自分だったら、断られたら恥ずかしいと思ったが、今ではそのような恥ずかしさは微塵もない。心の中で「大丈夫ならよかった」と、いう思いだけだった。以前の自分とは違い、心から他人を気にかけ、見知らぬ人のためにも動くことのできる自分に変われたのだと気がついた。必要以上に人の目を気にしない、強くブレない優しい自分になれたと思う。

⑥席を譲ったり、倒れた自転車に気づき元に戻したり、また、ドアを手で押さえてくれていたり、急な雨の時に傘に入れてもらったり、親切を意識するようになってからは、日常こんなにも親切が溢れているのだということに気がついた。道を尋ねられて答えると、相手から笑顔で「ありがとう助かった」と言われ、こちらも自然と笑顔になった。次に自分が親切にされたとき、笑顔でお礼を言えば、相手も笑顔で返してくれた。この笑顔は自分が引き出したものだと考えると、何だか幸せだなと思った。このような経験から自分が起こした行動が、人に承認され返ってくるという循環が続くと、人は幸せを感じるのではないか。この循環が切れたときに人はストレスを感じる。承認されることで自分に自信がもてるようになり、それを繰り返すことによって、自信はより強いものになる。生きていく上で幸せを感じるためには、すごく重要なもので、幸せを回らせることができる人間関係をつくり大切にしたい。

⑦履修した当初は、親切にすることの重要性に気づいていなかった。幸せとは、自分の働きかけで得るものだと思っていた。自分はうつむき加減で人と話すのは苦手で、たまに電車で席を譲るぐらいだった。しかし、この授業で親切を重ねるようになると、徐々に周りを見るようになり、助けを必要とする人がいると、すぐに反応して自分から声をかけるようになった。また、相手から感謝されると一つ自分が成長した気持ちになり、自分に自信が持てるようになった。それが習慣づくと、身体が無意識に動いて親切をするようになり、幸せというものが何か分かってきた。四ヶ月続けて分かったことは、幸せとは、お金や名声ではなく、相手への思いやりが生まれ、自分の成長を感じることである。

⑧この授業を受講するまで、本当の幸せとは、何かを考えたことがなかった。人に親切にすること、されることを意識することも少なかった。私は、人にどう思われているかを気にする癖があり、少し嫌なことがあると、それ

ばかり気にしていた。相手のことを考えながら親切にすることを考えていれば、人にどう思われるかを考える余裕などない。

⑨混んでいて列に並んでいるとき、割り込んできた人がいた。以前の私は腹が立ったが、今では割り込みをする人に対して、この人は周りの人の気持ちを察することのできない、本当の幸せを知らない可哀そうな人だなと同情すると、腹が立たなくなった。また、先輩が割り込みをした人に注意をしてくれた時も、人はきちんと見てくれているものだと、改めて正しいことをする大切さを知った。

⑩相手に良かれと思ってした親切が、相手から無視されたり、お礼を言ってくれなかったりという態度から、怒りの感情が芽生えたことがあった。しかし、どうしてそうなのだろう、相手はそうは考えていなかったのだ、と相手のことを気づけていなかった自分に気がつくようになった。次は、もっと相手を観察したのか？　何か事情があったのではないだろうか？　など、さらに相手を気遣う余裕が持てるようになってきた。

⑪他人に親切にしたこと、されたことを書くということと作法の授業とが、どのようにかかわりがあるのだろうかと、当初は先生に報告する必要性がよく分からなかった。しかし、毎回続けていると先生の意図することが分かってきた。書くことによって自分を振り返るきっかけになった。例えば、電車で妊婦さんに席を譲った時、もっと早く気づくためにはどうすればよかったのか、外国人に道を尋ねられたときも、もっと分かりやすく説明するにはどうすればよかったのかなど、親切のその先のことまで考えるようになった。毎週意識的に親切をすることによって、自分に自信がついてきた。

⑫「親切とは何なのか」、そして「幸せとは何なのか」ということが、だんだんはっきりしてきた。人に優しくなるということは、強くなるということであり、確かな自分自身をもち、それに真っ直ぐに向き合いながら強く生

きることで、誰かに優しくすることができる。誰かに優しくされることで、自分も優しくなれるし、強くなることができる。幸せとコミュニケーションには、そういった意味がある。しかし、これに気づくことは簡単なようでなかなか出来ずにいた。この授業を通して新しい成長した自分を見つけることができた。

⑬毎週コメントペーパーに書くようになってからは、マイナス感情が少なくなり、総合的に幸せな感情が増えてきた。親切にするということは、誰かを幸せにするためではなく、自分のことを幸せにするためにやっていたことに気がついた。この授業でやっていたことを、これからも考え続けていこうと思う。

⑭他人に対して親切にするということが、思いのほか難しいことが分かって来た。できるだけ人に親切にすること、それによって得る自信が大切だと思う。作法は知ったうえで相手に合わす、相手が知らなければ自分の振る舞いも変える、ということが大事なことだと思う。

⑮毎回、コメントペーパーに書くために他人に親切にしたり、困った人に気付けるように意識していたら、本当の幸せや見返りを求めない本当の優しさに気付くことができた。他人から親切にされたら、自分も幸せや親切を与えたくなり、その経験が増えることによって、自分が成長するものだと思う。作法を効率よく身につけたいと思い受講したが、自分が良いと思う経験をして、失敗しても経験と思うことで落ち込むことも少なくなった。行動することで何かを感じ、考えることが出来るようになり、日々ハッピーな気持ちでいられ、あらゆる行動に意味を見出せるようになった。

⑯自分の心を客観視するようになって四ヶ月、荷物を運んでくれる人やお店での従業員に対して、今までは人格のある一個の人間として見ていなかった自分に気が付いた。どのような職業であれ、立場であれ、人格のある人という接し方を考えるようになった。

このように、受講生の感想を順次見ていくと、彼らが自分の内面を客観視することで思考力がつき、随分と精神的に成長してきたことが分かる。

文芸学部の上野英二先生が「文学の意義・再説」（『成城教育』第一七六号）に、次のように述べている。

頭で理解し、考えたことを、自らの心を観察し、また、自らの心で検証し、ある場合には実験し、そのことを体得していくのです。人は、思考を鍛えるとともに、想像力を養い、共感力を高め、感受性を磨いて心を深く耕して行くのでしょう。頭と心を往還し、そしてその往還のうちに双方を相乗的に高めていく。頭と心の双方を知れば、頭は心すなわち感情の爆発を押さえることができ、また逆に心は、それが人間の暴走をコントロールすることも可能になると思います。頭と心の双方的な訓練。それに資するとなれば、文学も役に立つと、主張することも許されるのではないでしょうか。人間の頭と心は、人間の意思で自由にできる、可能性に富んだ領域だからでしょう。

お金を出せば、人は簡単に跪いてくれるものです。しかし、それは本当の尊敬から出たものではない。お金を出せば優越感に酔うこともできます。しかし、それは一時の自己満足に過ぎず、それを見て人はどう思うか。それは知れたものではない。お金で得られる類の満足感とは、結局のところ、それだけのものでしかなく、生きる歓びや満ち足りた幸福感というものとは、まったく次元の異なるもののはずです。

奇しくも、上野先生の文学を学ぶ意義を、受講生たちは作法の授業で実践していたようである。作法の相手への思いやりは、上野先生の説を借りれば、頭だけの理解なら「絵にかいた餅」、何の意味もない。人から親切を受けたり、親切をした経験から自分の心を客観視することで、幸せを感じるだけで終わるのでなく、その向こうにある自信や生きる力、ブレない芯のある強い自分になることに繋がってきている。さらに、相手の反応に対しての怒りの感情も、親切を重ねるうちに心が寛容になり、自分の感情をコントロールできるようになっただけではなく、相手を気遣う心の余裕を持てるまでに精神を高めてきている。そうして、相手へも思いやりをもって接することが出来るというものである。

知識は社会に出てからでも学ぶことは出来るが、どのように生きるのかの精神教育は、競争社会で荒波に飲み込まれる前に教えなければ育たない。この精神教育も大学教育の使命である。

二〇二〇年東京五輪・パラリンピックの成功に向けて、各方面でも「おもてなし」をキャッチフレーズに、接客マナーの研修が増えるだろう。経済効果を目論んでの事業のため、お金儲けのための心の伴わない上部だけのマナーの研修になるのだろうか。しかし、それを機に自分の心を客観視することで、感受性を磨き、心を深く耕し真の幸せな人生を送られる人が増えることを願うばかりである。それには大学はもちろんのこと、多方面におけるあるべき姿の教育が重要となろう。

# あとがき

礼法の研究をするために、大学院で学びはじめてから二〇年が経つ。その間弓馬術礼法小笠原流の宗家をはじめ純子奥様や門人方たちの人間性の素晴らしさに、真の礼法家とはいかなるものかに心打たれ、今後、どのように生きていくかについて考えるきっかけと指針をいただいた。少しでもこの方たちに近づけるよう日々精進していきたい。

末尾ではあるが本研究にあたり、どうにかこうにかここまで来ることが出来たのは、指導教授の成城大学名誉教授松崎憲三先生はじめ同じく名誉教授田中宣一先生、文芸学部教授上野英二先生からの一方ならぬご指導の賜物であり、この場を借りて深く感謝申し上げる。また、弓馬術礼法小笠原流宗家小笠原清忠先生には何かと御教示いただき深謝する。そして、糾方編集の星野達郎氏、星野真理子氏、四條流東京一饌会江原仁氏には貴重な写真をご提供いただきお礼申し上げる。また、本書をまとめるにあたり、成城大学民俗学研究所研究員今野大輔氏、同じく研究所職員林洋平氏には何かとお世話をいただきお礼申し上げる。

ささやかな書ではあるが、こうして形を成すまでにはさまざまな人との出逢いがあり、感謝の念を忘れてはならないと、改めて思う。これからも、礼法の研究に精進して継続していきたい。

終りになりましたが、本書の刊行をお引き受けくださいました雄山閣代表取締役社長宮田哲男氏、ならびに、編集・校正など煩雑な仕事を終始お世話を下さった同社八木崇氏に感謝の意を表する。

なお、本書は小笠原流礼法関係の以下の論文、調査報告を加筆修正したものである。

第一部　婚姻儀礼の変遷と水嶋流
第一章　婚姻儀礼にみる水嶋流
「婚姻儀礼にみる『礼法』の影響～夫婦盃の変遷の分析から～」『日本民俗学』第二三五号、日本民俗学会　二〇〇三年
第二章　神前結婚式にみる水嶋流
「神前結婚式と『水嶋流』の影響」『常民文化』第二八号、成城大学常民文化研究会　二〇〇五年
第三章　明治期の女性雑誌にみる水嶋流の礼法家たち
「明治期の女性雑誌にみる『水嶋流』の礼法家たち～松岡家・有住家と石井泰次郎～」『女性と経験』第三二号、女性民俗学研究会　二〇〇七年
第四章　料理人に伝えられた水嶋流の婚姻儀礼
「料理人に伝えられた『水嶋流』の婚姻儀礼～香川県高松市の事例から～」『香川の民俗』第七一号、香川民俗学会　二〇〇八年
第五章　謡の師匠に伝えられた水嶋流の婚姻儀礼
「謡の師匠に伝えられた『小笠原流』の婚姻儀礼」『民俗的世界の位相―変容・生成・再編―』松崎憲三先生古稀記念論集委員会編　慶友社　二〇一八年
第二部　贈答儀礼と水嶋流
第一章　金封にみる水嶋流

「金封にみる『水嶋流』の影響~小笠原流と作法書の変遷から~」『成城大学民俗学研究所紀要』第三三集、成城大学民俗学研究所　二〇〇九年。

第二章　水引の製造をめぐって
「水引の製造をめぐって~長野県飯田市の事例から~」『成城大学民俗学研究所紀要』第三一集、成城大学民俗学研究所　二〇〇七年。

終　章　今後に向けて—礼法教育の視点から—
「幸せに生きる方法~礼法教育の視点から~」『成城教育』第一七八号、成城学園教育研究所　二〇一七年。

著者紹介

村尾 美江（むらお　よしえ）

香川県出身

慶應義塾大学卒業、成城大学大学院文学研究科常民文化専攻博士課程後期単位取得退学

（現　職）　成城大学非常勤講師

（礼法関係以外の論文）

「葬制墓制について一考察～香川県三豊郡粟島の事例から～」『女性と経験』女性民俗学研究会　2003年。

「戦後の『結婚の簡素化』と民主化」『常民文化』成城大学常民文化研究会　2004年。

「風呂に入ってウドンを食べる習俗」『四国民俗』四国民俗学会　2012年。

「婚姻儀礼にみる地域差と通婚圏」『四国民俗』四国民俗学会　2016年。

令和元年 12月 25日　初版発行　　　　《検印省略》

小笠原流礼法《おがさわらりゅうれいほう》と民俗《みんぞく》 ―婚姻儀礼《こんいんぎれい》と熨斗《のし》―

著　者　　村尾美江

発行者　　宮田哲男

発行所　　株式会社 雄山閣

東京都千代田区富士見 2-6-9

ＴＥＬ　03-3262-3231 / ＦＡＸ　03-3262-6938

ＵＲＬ　http: //www.yuzankaku.co.jp

e-mail　info@yuzankaku.co.jp

振　替：00130-5-1685

印刷・製本　　株式会社 ティーケー出版印刷



ISBN978-4-639-02668-6　C3039
N.D.C.385　240p　22cm